Persuasion, Psychologie Sombre et la PNL

Apprenez les techniques secrètes pour influencer les gens par la manipulation, la persuasion, le contrôle mental et le langage corporel

De Ives Perrot

Table de Contents

Chapitre 1 - Introduction à la psychologie sombre

Si vous n'êtes pas conscient du côté obscur de la psychologie, alors vous pourriez très bien être sous le contrôle des autres. Peu importe ce que vous avez pu vivre sous le pouvoir de ceux qui vous entourent, le point de départ se trouve dans notre propre tête.

Le cerveau est un organe complexe qui est capable d'une quantité incroyable de compétences diverses. Certains d'entre nous se ressemblent, et certains pensent même de la même façon, mais très peu de gens ont un cerveau qui correspond à celui des autres. Même des jumeaux identiques auront leur propre personnalité. Parmi tous les organes de notre corps, le cerveau pourrait bien être celui que nous ne pourrons jamais comprendre complètement. C'est un organe que nous ne pouvons pas remplacer par des transplantations d'autres personnes, et nous ne pourrons pas améliorer notre cerveau ou utiliser des parties artificielles lorsque le nôtre ne fonctionnera pas correctement. C'est pourquoi il est facile de commencer à comprendre à quel point les schémas de pensée peuvent devenir complexes.

Nous pouvons comprendre les raisons qui nous poussent à faire ce que nous faisons. Il y a toujours un débat sur la question de savoir si la nature définit qui nous sommes ou si c'est l'éducation que nous recevons en grandissant qui nous aide vraiment à décider de notre façon de penser. La plupart des gens seraient d'accord pour dire que c'est une combinaison des deux, contrairement à ce qui se passait dans le passé. Le bagage génétique avec lequel vous êtes né, combiné aux expériences que vous avez vécues pendant votre enfance, vous aidera à décider ce qui, dans votre cerveau, vous pousse à penser et à agir comme vous le faites. C'est pourquoi nous sommes en mesure de commencer à comprendre les facteurs qui peuvent stimuler nos impulsions et les schémas de pensée qui nous conduisent aux décisions que nous prenons.

La psychologie de l'ombre commence à nous amener à nous interroger sur ce qui pourrait se trouver plus profondément sous la surface initiale de l'esprit humain. Il est facile de voir que vous allez au frigo pour prendre un en-cas parce que vous avez faim. Vous trouvez un partenaire que vous aimez parce que vous voulez avoir quelqu'un avec qui passer votre vie. Vous trouvez un emploi pour avoir de l'argent afin d'acheter les choses que vous voulez et dont vous avez besoin.

Mais qu'en est-il du reste ? Qu'est-ce qui pousse une personne à vouloir contrôler quelqu'un d'autre ? À les manipuler ? Pour lui faire du mal émotionnellement ? C'est la partie de la psychologie dont nous allons parler tout au long de ce livre. Il ne s'agit pas des pulsions animales naturelles qui nous aident à suivre notre chemin dans la vie. C'est la partie la plus sombre de nos mondes qui nous conduit à agir sournoisement que nous voulons vraiment comprendre tout au long de ce livre.

Nos cerveaux sont des organes complexes qui créent le centre de ce que nous sommes. On apprend des choses des autres en grandissant dans ce monde. On vous apprend directement et indirectement comment agir. On vous dit que vous devez être gentil avec les autres et que vous devez traiter vos proches avec respect. Cependant, il peut y avoir des cas, comme le fait d'être témoin de violences conjugales, qui peuvent vous apprendre que la violence est la façon d'agir sur vos émotions. Même si on vous apprend à dire "s'il vous plaît et merci" à l'école, il se peut aussi que vous ayez eu des figures parentales grossières qui ont profité des autres, vous apprenant ainsi à être vous-même grossier. Bien que peu de gens apprennent à leurs enfants à être directement méchants, à manipuler ou à contrôler leurs émotions, c'est certainement quelque chose qui pourrait encore se produire facilement.

Il y a des milliards de neurones dans votre cerveau, qui ont tous le pouvoir de stocker des informations. Chaque fois que vous apprenez une nouvelle information, de nouvelles connexions sont créées dans votre cerveau. Nous disposons d'une quantité infinie de stockage dans notre cerveau - ou du moins d'une quantité apparemment infinie - de sorte que nous sommes vraiment capables d'apprendre n'importe quoi. Tout le monde n'est pas conscient de ce grand pouvoir, et plutôt que d'entretenir un état d'esprit de croissance, beaucoup de gens se contentent de s'en tenir à ce qu'ils savent déjà. Ils peuvent tomber dans des schémas malsains qui conduisent à des décisions malsaines, et finalement, ils pourraient perdre la capacité de contrôler leur propre vie parce qu'ils ne sauront pas toujours comment se sortir de l'ornière dans laquelle ils sont tombés. Nous prenons tous nos propres décisions, mais il est facile d'avoir l'impression de ne pas avoir ce pouvoir en fonction des choses que vous avez pu vivre.

Votre cerveau est un organe complexe qui n'est pas seulement constitué d'une grande partie. Au contraire, ce sont de multiples parties qui fonctionnent harmonieusement ensemble afin de vous aider à survivre dans ce monde le mieux possible. Des signaux sont envoyés dans tout votre cerveau pour faire savoir aux autres parties ce qui nécessite une attention particulière à ce moment-là. Vous commencez à entraîner votre cerveau sans le savoir, alors que vous naviguez dans ce monde. Finalement, vous vous habituez à réagir à certaines choses de différentes manières, et votre cerveau s'habitue à réagir comme vous l'avez fait dans le passé. C'est ainsi que certaines personnes peuvent s'emporter au premier signe de stress ou répondre naturellement à la colère par la violence sans même y penser. Même si une personne est coincée dans ses habitudes, elle peut quand même s'en sortir avec un petit effort mental.

Nos niveaux d'intelligence sont basés sur de nombreux facteurs différents. Nous avons l'intelligence que nous acquérons en lisant des livres, en regardant des films et en faisant d'autres choses académiques. Nous avons ensuite notre capacité à être logiques et raisonnables, à résoudre les problèmes par nous-mêmes sans l'aide de sources extérieures. Nous possédons également une intelligence émotionnelle qui peut nous aider à reconnaître nos propres émotions et les sentiments et pensées des autres. Mieux vous pourrez accroître tous ces types d'intelligence, mieux vous serez dans la vie. Pour se libérer de la psychologie sombre, il est essentiel d'avoir un niveau élevé d'intelligence émotionnelle.

La seule vraie liberté que nous ayons dans la vie est celle qui concerne notre propre esprit et la capacité de contrôler nos émotions. Vous ne pouvez pas contrôler votre lieu de naissance, votre milieu d'origine, votre race et bien d'autres choses qui vous ont été données depuis le moment où vous êtes entré dans ce monde. La seule chose sur laquelle vous aurez toujours le contrôle - quoi qu'il arrive - est votre capacité à changer votre façon de penser. Peu importe à quel point vous vous sentez coincé dans un certain schéma de pensée, vous aurez absolument toujours la capacité de contrôler votre réaction émotionnelle.

D'autres personnes peuvent apprendre à le faire lorsque nous ne sommes pas prudents. Si vous ne maîtrisez pas vos émotions, alors quelqu'un d'autre peut prendre les rênes. Ceux qui savent comment ils peuvent manipuler les sentiments des autres cibleront les personnes ayant un faible niveau d'intelligence émotionnelle. Parfois, c'est intentionnel, mais d'autres fois, nous sommes tout simplement naturellement attirés par certains types de personnes. Il est temps de prendre le contrôle de ces émotions avant que quelqu'un d'autre ne le fasse.

Définir la psychologie sombre

Lorsque vous interagissez avec les autres, vous pouvez soit les aider, soit leur faire du mal. Vous pouvez regarder quelqu'un et penser à une façon de lui offrir un soutien, ou vous pouvez le regarder et voir une façon d'utiliser son état émotionnel comme un moyen d'obtenir un avantage sur lui. Les cerveaux sont des outils pour survivre dans ce monde, et comme tous les outils, vous pouvez soit les utiliser pour créer quelque chose de nouveau, soit détruire quelque chose. Si on vous donnait un marteau, vous pourriez décider de créer une nouvelle belle maison en utilisant ce marteau, ou vous pourriez l'utiliser pour détruire une maison. L'outil est tel qu'il est. Il ne change dans aucun de ces scénarios. Ce qui change, c'est l'état d'esprit, l'intention et la décision globale de ce que vous allez faire avec cet outil.

On nous apprend à traiter les gens avec gentillesse et à les aider à faire mieux. C'est une sorte de règle tacite naturelle selon laquelle nous devons être aimants et compatissants envers nos voisins et chercher des moyens d'aider les autres quand nous le pouvons. Le problème, c'est qu'on ne nous apprend pas souvent pourquoi nous devons le faire. Au lieu de cela, on nous donne des idées superficielles sur la façon dont nous devrions être gentils avec les autres. Dites "s'il vous plaît/ merci/ pardon/comment allez-vous ? /et beaucoup d'autres phrases qui sont souvent lancées. Ces phrases deviennent des phrases de base mémorisées qui commencent à perdre tout leur sens après un certain temps.

Tout au long de notre vie, on nous apprend aussi à nous faire du mal, même si ce n'est pas intentionnel. On nous dit souvent que tout va bien après avoir blessé quelqu'un, du moment que l'on s'excuse. C'est pourquoi nous finissons par ne pas croire tout ce qu'on nous enseigne, et il devient facile d'oublier cette règle d'or en vieillissant et en naviguant tout au long de notre vie. Parfois, si vous n'essayez pas activement d'être une personne aimable, il peut être facile de tomber dans un état d'esprit négatif, ces sentiments se propageant aux autres.

Parfois, vous souffrez si profondément que vous pourriez même être vous-même l'agresseur. Si vous êtes dur envers vous-même, que vous dites toujours des choses méchantes et que vous vous blessez mentalement, il est alors assez facile de commencer à le faire aussi envers les autres. Être une personne négative et violente peut devenir la nouvelle norme, car c'est peut-être la façon dont vous vous êtes d'abord traitée. En même temps, si vous avez été maltraité dans votre enfance, c'est ainsi qu'on vous apprend à vous comporter avec les autres. C'est la façon dont vous croyez que le monde fonctionne, il est donc facile de commencer à infliger cette douleur ailleurs.

Il est intéressant de commencer à connaître la façon dont le cerveau des autres fonctionne lorsqu'on utilise la psychologie sombre. C'est ce qu'est la psychologie sombre. C'est le comment, le pourquoi et le quoi de la manipulation, du contrôle, de l'abus émotionnel et de toutes les autres parties difficiles du fonctionnement du cerveau que la psychologie sombre vise à déballer. Le traitement négatif d'autres personnes est courant dans le monde d'aujourd'hui. Si vous allez sur le compte Instagram d'une grande célébrité, vous verrez des tonnes de commentaires haineux sur la photo. Si quelqu'un a un problème avec un employé d'un restaurant, il est facile de rentrer chez soi et de se plaindre en ligne, ce qui peut lui causer de sérieux ennuis avec des personnes occupant des postes de pouvoir dans l'entreprise. Même dans vos propres relations personnelles et amoureuses, il peut parfois sembler plus naturel de se contenter d'être haineux et méchant plutôt que de travailler activement à l'épanouissement de votre partenaire et à son bien-être général. Aujourd'hui plus que jamais, il est important que nous commencions à vraiment comprendre la psychologie des ténèbres afin d'éviter que ce genre de schémas toxiques ne se répande chez les autres. Nous devons tous prendre en charge nos propres émotions et apprendre à les contrôler nous-mêmes afin de créer un monde plus heureux et meilleur dans l'ensemble.

Nous savons maintenant ce qu'est la psychologie sombre : C'est l'étude de schémas de pensée plus difficiles que nous pourrions tous avoir. Quels sont les motifs et les objectifs de ceux qui souhaitent manipuler les autres ? C'est une réponse que nous apporterons au chapitre 2, mais commençons par examiner plus en profondeur si ces schémas de pensée plus sombres existent ou non en chacun de nous.

Avons-nous tous un côté sombre ?

La véritable question qui hante beaucoup de gens est de savoir si nous pourrions tous avoir ce côté sombre qui sommeille en nous. Même les personnes les plus gentilles pourraient avoir un manipulateur profond et contrôlant dans leur propre cerveau. Cela fait-il partie de la condition humaine ? C'est encore la partie animale qui nous est attachée depuis les temps primitifs ? Nos esprits sombres nous ont-ils été transmis par nos ancêtres, ou est-ce quelque chose qui est à jamais ancré dans notre biologie ?

Nous avons peut-être tous un côté sombre. Que cela soit vrai ou non pour tout le monde n'a pas autant d'importance. La chose la plus importante dont nous devons nous souvenir est que notre état d'esprit doit être géré, que nous soyons vraiment heureux ou triste, positif ou négatif. Parfois, nous commençons à penser qu'il suffit de nourrir nos émotions et de les contrôler si elles sont négatives. En réalité, nous devrions également être conscients des sentiments positifs que nous éprouvons. Il est crucial que nous regardions au plus profond de nous-mêmes et que nous analysions notre vie afin de nous assurer que nous sommes réellement des êtres heureux et non de simples simulateurs. Si nous supprimons trop souvent nos émotions, cela peut être comme si nous secouions une bouteille de soda. Elle finira par éclater.

Qu'est-ce que c'est que d'avoir un côté sombre ? Demandez-vous d'abord ce que cela signifie d'avoir un esprit plus sombre. Pour ceux qui affirment ne pas croire qu'il leur est possible d'avoir un côté plus sombre, nous devons nous demander s'ils n'ont pas encore regardé assez profondément leur propre psyché mentale. Il peut être effrayant d'admettre que l'on peut avoir des pensées plus sombres auxquelles on ne veut pas faire face, mais il est crucial que nous soyons conscients de ces sentiments pour ne pas les supprimer.

Pensez à ceux qui sont des individus pacifiques. Ils peuvent dire qu'ils ne ressentent pas de colère, mais ce n'est pas toujours sain. La colère peut être dangereuse, mais elle peut aussi être bonne. Ce n'est pas le sentiment qui compte, mais la réaction à ce sentiment. Avoir un côté clair ou sombre ne signifie pas être libéré de la colère ou sous son contrôle. Votre côté sombre est celui qui vous donne envie de frapper quelqu'un qui vous a mis en colère, et votre côté lumineux est peut-être celui qui veut que vous soyez gentil avec cette personne, peut-être même que vous l'aidiez, après qu'elle vous ait contrarié. Ces sentiments existent en chacun de nous, et nous pouvons décider d'agir ou non en fonction de notre côté "noir/lumineux".

Ce qui sépare les gens des autres animaux, c'est la capacité d'empathie et d'intelligence des gens. Votre chien peut s'approcher de vous et essayer de vous réconforter lorsque vous êtes triste, ce qui permet d'expliquer ce que signifie la sympathie. Être empathique signifie que vous comprenez vraiment ce que quelqu'un d'autre traverse. Si vous venez de perdre votre emploi, lorsque vous rentrez chez vous après le travail, vous pouvez vous demander ce que vous allez faire maintenant que vous avez été licencié, et vous pouvez vous mettre à pleurer. Votre chat peut s'approcher de vous et s'asseoir sur vos genoux, ou peut-être même que votre chien va essayer de lécher vos larmes. Seul un ami, un partenaire, un membre de la famille ou un autre être humain pourra vraiment avoir de l'empathie pour vous. Ils seraient capables de ressentir votre douleur et de comprendre ce que vous vivez et d'utiliser leurs capacités intellectuelles pour vous donner des conseils, vous aider à changer de perspective ou faire quelque chose qui vous aide réellement plutôt que de vous faire simplement sentir mieux sur le plan émotionnel à ce moment-là.

Nous avons encore ces instincts animaux qui nous donnent envie d'agir de manière impulsive. Même si nous sommes séparés des autres animaux en raison de cette capacité à rationaliser et à penser, nous ne pouvons toujours pas prétendre que nous n'avons pas ces pulsions ou pensées naturelles qui pourraient nous conduire à un comportement destructeur. Nous avons tous en nous un instinct de combat ou de fuite lorsque nous sommes menacés. Vous pouvez préparer votre corps, vos muscles se contractent et votre rythme cardiaque s'accélère lorsque vous avez l'impression que quelqu'un pourrait vous faire du mal. C'est la façon naturelle pour votre corps de vous aider à combattre ou à fuir tout ce qui pourrait vraiment vous blesser, tant émotionnellement que physiquement.

Nous avons créé des sociétés qui ont contribué à nous maintenir civilisés. Les lois en vigueur nous ont aidés à contrôler certains de ces instincts animaux. Cela ne veut pas dire que tout le monde s'entretuerait, mais il y aurait probablement beaucoup plus de gens qui donneraient des coups de poing et utiliseraient des armes si ce type de comportement n'entraînait pas de problèmes juridiques. En effet, il est plus facile de relâcher la tension lorsque vous êtes en colère en donnant des coups de poing qu'en travaillant sur les facteurs psychologiques qui expliquent pourquoi vous pourriez ressentir le besoin de blesser physiquement ou mentalement quelqu'un d'autre.

Qu'en est-il des limites de l'esprit humain ? Qui est la figure d'autorité qui nous protège de la manipulation ? Ces civilisations ont contribué, au fil du temps, à faire de nous la société fonctionnelle que nous sommes aujourd'hui. Cependant, il existe encore des limites légales qui ne nous protègent pas contre autant de violence psychologique. Même des actes comme la cyberintimidation sont difficiles à poursuivre parce que nous ne comprenons pas entièrement l'intention ou les effets à long terme de ce que cette violence psychologique pourrait faire. Personne ne contrôle entièrement les pensées, il peut donc être beaucoup plus difficile de se libérer du contrôle émotionnel lorsque quelqu'un d'autre a des capacités de manipulation.

Comprendre la manipulation de l'esprit

Ces sociétés ordonnées qui empêchent le chaos font aussi autre chose pour nous. Elles nous fournissent d'autres aspects fondamentaux de la survie dont nous avons besoin. Nous avons des policiers, des pompiers et d'autres types d'aide publique qui peuvent nous aider si nous en avons besoin. Nous avons des hôpitaux et des épiceries qui nous fourniront les produits de base nécessaires à la survie de l'homme. Bien que nous disposions de nombreuses sources extérieures pour nous aider à faire fonctionner cette société, il nous en faut encore beaucoup plus pour mener une vie pleinement heureuse et saine. Ce sont des choses que nous devrons également trouver par nous-mêmes, mais tout le monde ne pourra pas intégrer ces aspects dans sa vie. Cela inclut des choses comme trouver une famille et un réseau de soutien ou trouver une passion ou une raison dans la vie, ainsi que des divertissements et de l'art qui nous aident à nous épanouir, de l'argent supplémentaire à dépenser pour tout ce que nous voulons, de la mode pour nous exprimer, et tous les autres aspects amusants de la vie qui vont au-delà du strict minimum nécessaire à la survie.

Les humains sont une espèce collective. Cela signifie que nous avons besoin des autres pour nous aider à survivre. Bien que certaines personnes puissent survivre seules dans ce monde si elles y sont obligées, tout le monde ne peut pas en dire autant. Même si nous n'avons pas physiquement besoin des choses des autres, c'est le soutien émotionnel que beaucoup d'entre nous recherchent afin de se sentir entièrement comblés. Ce que beaucoup ne réalisent pas, c'est que nous devrions trouver cet aspect émotionnel par nous-mêmes.

Notre cerveau se préserve lui-même. Il va faire tout ce qu'il faut pour s'assurer que nous fonctionnons correctement et que nous répondons à tous nos besoins humains fondamentaux. Si notre cerveau n'essayait pas de nous protéger, beaucoup d'entre nous se seraient retrouvés dans des situations bien plus dangereuses que celles que nous avons déjà connues.

Comment notre cerveau nous aide-t-il ? Eh bien, par exemple, lorsque vous descendez les escaliers, votre cerveau vous aide à trouver chaque marche pour s'assurer que vous ne tombez pas simplement dans toutes les marches. Si vous allez manger quelque chose qui sent le pourri, votre cerveau sait que c'est un signal que vous ne devez pas le manger, sinon vous pourriez tomber malade. Même ceux qui ont fait une tentative de suicide savent qu'il y a toujours cette voix qui chuchote de ne pas aller jusqu'au bout de ce plan.

La douleur nous pousse à agir et à essayer de résoudre le problème. La douleur est ce qui est utilisé pour vous restreindre et pour vous préserver dans ce lieu. Si vous touchez une casserole chaude, votre cerveau sait que vous ne devez pas la ramasser. Si tu tombes de ton vélo la première fois que tu en fais usage, ton cerveau peut te dire que tu dois rester loin des vélos. La morsure d'un chat méchant nous dit de ne plus être méchant avec les chats.

Mais ce qui se passe parfois dans notre cerveau, c'est que nous interprétons mal cette douleur. Nous pouvons aussi nous habituer à cette douleur et finir par nous engourdir. Ce n'est pas une mauvaise chose en soi. On peut dépasser la douleur de la chute pour remonter sur le vélo et continuer à s'entraîner jusqu'à ce qu'on maîtrise la capacité de rouler sans roues d'entraînement. Vous pouvez dépasser la douleur de la course sur tapis roulant pour pouvoir toujours augmenter votre temps et être en meilleure santé. Si nous dépassons trop souvent notre douleur mentale, nous nous habituons à cela et commençons à penser que c'est normal.

La peur est également importante pour nous maintenir en vie. La peur est ce qui vous dira que la colline est trop raide pour la descendre, que l'allée sombre est trop effrayante pour la descendre la nuit, que le nid d'araignée dans le coin n'est pas quelque chose qu'il faut toucher. Ces craintes peuvent être beaucoup plus fortes selon notre état d'esprit, ou nous pouvons nous calmer et surmonter ces sentiments.

Parfois, nous interprétons mal ces sentiments. La peur peut nous amener à réagir émotionnellement de façon malsaine. La peur et la douleur peuvent toutes deux déclencher un stress, qui est une réaction à nos instincts de combat ou de fuite.

Nous pouvons commencer à chercher des remèdes dans tous les

mauvais endroits. C'est pourquoi certaines personnes peuvent devenir dépendantes de l'alcool ou de la drogue afin d'endormir la douleur ou la peur constante. Tout le monde ne peut pas comprendre pleinement ce qu'est cette douleur et d'où elle vient. Comme il s'agit déjà de choses naturelles en petites quantités, à mesure que nous augmentons la peur ou la douleur dans notre vie, cela se normalise également. Nous ne pensons pas que notre mode de vie est mauvais, il devient donc plus difficile d'essayer de se libérer de ces schémas émotionnels. Comme nous sommes une société de groupe, nous pourrions en fait dépendre d'autres personnes pour essayer d'atténuer certains de ces sentiments.

La manipulation devient alors une tactique de survie. Plutôt que de chercher au plus profond de soi-même à surmonter ces sentiments, il peut être plus facile pour certaines personnes de manipuler les autres afin d'obtenir ce dont elles ont besoin. Vous pouvez commencer à contrôler les gens afin qu'ils vous servent et vous fournissent les besoins de survie de base qui atténuent votre peur et votre douleur. Lorsque nous ne sommes pas capables de contrôler nos états émotionnels, nous cherchons alors à les contrôler de toutes les autres manières possibles dans notre vie.

C'est une erreur dans nos schémas de pensée et dans la façon dont nous interprétons le besoin de désir et de contrôle. Nous pensons qu'avoir du pouvoir sur les autres signifie que nous en avons dans notre vie. Notre cerveau va penser que ce statut va nous aider à nous libérer de l'agitation intérieure que nous ressentons au quotidien.

C'est à ce moment-là que l'on peut vraiment commencer à comprendre la manipulation de l'esprit. Les gens ne sont pas de simples sadiques naturels qui vous manipulent, vous et les autres, par pur plaisir. Il y a peut-être des gens qui font cela, mais beaucoup de manipulations ne sont qu'une tentative malavisée de reprendre une partie du pouvoir dans leur vie. Ce que les manipulateurs ne réalisent pas, c'est que personne d'autre ne pourra jamais leur apporter le bonheur dont ils ont besoin pour survivre dans cette vie.

La manipulation de l'esprit est omniprésente. Nous y pensons souvent en pensant à cet homme trop en colère, musclé et furieux qui pourrait contrôler sa petite amie. C'est très courant, mais la manipulation se retrouve aussi chez tous les hommes et toutes les femmes, de toutes les formes et de toutes les tailles, et chez toutes sortes de personnes. Une personne très peu musclée peut être capable de contrôler un groupe de personnes, c'est pourquoi nous ne devons jamais assimiler la manipulation à la force physique. C'est un outil différent qui est utilisé par les humains afin de répondre à leurs besoins pour atténuer la peur et sentir qu'ils ont du pouvoir sur les autres.

Les médias contrôlent votre esprit depuis un certain temps déjà. Les publicités, les films, les émissions de télévision, les magazines et les livres ont tous la capacité de changer votre façon de penser. Plus vous vous exposez à ce type de médias, en particulier aux mêmes médias encore et encore, plus il est facile de commencer à vous contrôler.

Des tactiques de manipulation de base sont utilisées, telles que l'effet d'entraînement - "tout le monde le fait". Il y a aussi les méthodes plus profondément ancrées, telles que les publicités dont le volume est plus élevé afin que vous puissiez encore entendre la publicité si vous quittez la salle pendant une pause dans votre émission. Le but de cette manipulation est de contrôler le consommateur afin qu'il continue à acheter les biens et les services fournis par l'entreprise faisant l'objet de la publicité.

Les personnes les plus proches de vous peuvent également être des manipulateurs. C'est peut-être leur façon personnelle d'essayer d'atténuer le stress et le bouleversement émotionnel dans leur vie. Il peut également s'agir d'une tactique de survie, car ils dépendent d'autres personnes pour leur fournir les conditions d'existence de base qu'ils doivent remplir.

Parfois, nous ne nous rendons même pas compte que nous essayons de contrôler les autres par des moyens plus modestes. La manipulation peut être si profondément ancrée que nous ne sommes pas conscients qu'elle est présente dans certaines situations, tant du côté du donneur que du receveur.

Les avantages et la valeur de la persuasion

Ce n'est pas toujours une chose terrible de pouvoir persuader mentalement quelqu'un. Nous devons commencer à comprendre la différence entre la manipulation et l'influence. La manipulation est pleine de mauvaises intentions avec des objectifs égoïstes qui profiteront à d'autres personnes. On parle d'influence lorsqu'on souhaite atteindre un objectif commun qui contribuera à améliorer la vie de chacun, et pas seulement celle de la personne qui exerce l'influence. Les deux peuvent impliquer des tactiques similaires, mais l'intention est ce qui devrait être différent.

Le problème est que nous devons nous assurer que nous le faisons dans l'intérêt de tous. Une grande partie des manipulations que nous subissons déjà sont quelque chose qui peut nous garder sous contrôle, alors que l'influence devrait être quelque chose qui aide à donner du pouvoir à beaucoup. Pensez-y de cette façon : Adolf Hitler était un individu manipulateur qui a convaincu les autres qu'ils devaient suivre des ordres pour servir un sombre objectif. Il a réussi à convaincre une société entière qu'elle devait éliminer un groupe massif de personnes afin de régler un problème qui n'avait aucun rapport avec ce qui s'est passé. Le Dr Martin Luther King, Jr. était un leader influent qui a contribué à donner du pouvoir d'abord à une petite ville, puis à un pays tout entier. Il a aidé d'autres personnes à voir ce qu'elles avaient vécu et a réussi à changer le cours de l'histoire, avec des effets positifs que nous pouvons encore voir aujourd'hui.

Il est également important pour vous de pouvoir vous protéger. Il est utile d'être une personne influente et persuasive, car cela peut vous permettre d'obtenir ce que vous voulez. Vous avez peut-être besoin d'une augmentation de salaire ou vous voulez déménager avec votre conjoint dans une nouvelle maison. Si vous pouvez avoir une influence positive et comprendre comment vos paroles peuvent vous amener à une solution qui soit bénéfique pour vous deux, cela vous aidera à mener une vie plus heureuse et plus saine.

Elle peut maintenir la paix entre vous et un être cher. Les désaccords peuvent se transformer en de vilaines bagarres lorsque les deux personnes se sentent sur la défensive. Si l'un d'entre vous comprend comment exercer une influence positive, vous pouvez réellement exprimer vos sentiments, ce qui peut vous rapprocher et aboutir à un compromis qui vous rendra tous deux heureux.

Lorsque vous serez persuasif, vous pourrez mieux partager vos propres émotions. Il sera bénéfique de comprendre à la fois votre propre psychologie et celle des autres. Tout au long du reste du livre, nous allons décomposer les façons spécifiques dont vous avez été manipulés. Nous allons ensuite vous montrer toutes les méthodes qui peuvent être utilisées pour vous aider à mieux devenir vous-même cette personne influente. Plus vous serez ouvert d'esprit dans ce processus, plus il vous sera facile de comprendre la réalité de certaines de vos émotions les plus difficiles. Votre vie, votre univers personnel et le monde en général peuvent être bien meilleurs si nous commençons tous à apprendre comment influencer positivement ceux qui nous entourent.

Chapitre 2 - Comprendre le persuasif et le manipulateur

Il y a des signes que vous pouvez voir pour déterminer si vous êtes le manipulateur ou celui qui est manipulé. Parfois, lorsque vous êtes actuellement sous le contrôle de quelqu'un, vous ne pouvez pas remarquer que vous êtes manipulé, mais à mesure que vous avancez dans votre vie et que vous prenez conscience de vos propres sentiments et des émotions des autres, il devient beaucoup plus facile de commencer à voir la dynamique de votre relation. Il se peut que vous ne puissiez réaliser ce qui se passe que beaucoup plus tard dans votre vie, une fois que vous aurez été complètement sorti de la situation. C'est pourquoi il est si important que nous prenions conscience de la manipulation et de la façon dont elle nous affecte, aujourd'hui plus que jamais. Si nous ne faisons pas attention, il devient incroyablement facile de tomber sous le contrôle de quelqu'un d'autre.

Il est important de comprendre que toute influence n'est pas nécessairement mauvaise. Il y a beaucoup de gens dans le monde qui ont sérieusement besoin d'être guidés. Peut-être étaient-elles déjà dans une relation abusive où c'est elles qui étaient les manipulatrices. Ce n'est pas comme si ceux qui sont abusifs le faisaient toujours parce que cela les rend heureux. L'influence positive peut aider les gens à réaliser que ce qu'ils font est mal parce qu'ils se trouvent souvent dans des situations où ils pensent que ce qu'ils font est la bonne chose à faire. L'influence peut également aider les personnes à réaliser qu'elles pourraient être les victimes de ces abus. Les femmes qui ont échappé à une relation violente peuvent aider d'autres femmes qui sont encore piégées à comprendre réellement les tactiques mentales utilisées contre elles afin qu'elles puissent s'en sortir de manière saine.

Il peut être difficile d'identifier ce genre de personnes manipulatrices, car elles sont de formes et de tailles différentes. Nous associons souvent une apparence physique effrayante au fait d'être une personne effrayante. C'est incroyablement loin de la vérité. Souvent, les plus grands manipulateurs se cachent derrière un grand sourire et des yeux trompeurs. Ils ne porteront pas un badge indiquant qu'ils vont essayer de nous contrôler, il est donc essentiel que nous commencions à prendre de plus en plus conscience des signaux profondément ancrés qui nous aident à savoir quand quelqu'un pourrait être un manipulateur.

Ces personnes auront toutes les qualités d'une personne qui ne veut pas que vous connaissiez ses intentions. Ils ont réussi à dissimuler leurs méthodes de manipulation derrière un épais manteau qu'ils ont créé. Si vous franchissez cette barrière, ils auront toujours des méthodes de manipulation pour essayer de couvrir leurs traces. Beaucoup de manipulations sont prévues, ils pourront donc avoir des plans de secours si les choses ne se passent pas comme ils l'avaient prévu. Les manipulateurs aiment avoir le contrôle, ils sauront donc comment orchestrer la situation afin de s'assurer les plus grands bénéfices au final, laissant les autres se débrouiller seuls.

Une fois qu'on est tombé aux mains d'un manipulateur, il est difficile de se libérer. Ils vous auront généralement convaincu que vous êtes fou et que vous avez tort. Ils vous feront remettre en question vos pensées et douter de vous, de sorte que votre estime de soi est si basse que vous ne pouvez rien faire d'autre que de dépendre de cette personne. Ils peuvent vous avoir isolé, rendant plus difficile pour vos amis et votre famille de vous faire prendre conscience de la toile de contrôle dans laquelle vous êtes tombé.

Si vous avez connu quelqu'un en dehors d'une relation manipulatrice, vous comprenez combien il est facile pour vous de voir les mensonges, mais pour eux, c'est plus profond que cela. Le manipulateur montrera souvent à la personne qu'il contrôle son bon côté, se faisant peut-être aussi paraître émotionnellement vulnérable. Ils sont bons pour révéler une partie de leur aimable personnalité afin de continuer à paraître humains aux yeux de la personne qui devrait en fait les voir comme un monstre. Ils vous mentiront et vous tromperont pour vous faire croire quelque chose de faux à leur sujet, ce qui facilitera l'instauration de la culpabilité et de la peur chez toute personne qui pourrait douter de la possibilité de laisser le manipulateur derrière elle.

C'est peut-être parce que si nous avons tous ce côté sombre en nous, ces manipulateurs pourraient avoir ce bon côté en eux. Si vous avez été victime de violence psychologique, vous savez qu'une partie de vous veut aider l'autre personne. Les personnes blessées peuvent reconnaître la douleur émotionnelle chez les autres, et les agresseurs ont certainement une partie d'eux qui est profondément blessée. Plutôt que de vouloir écarter leurs agresseurs de leur vie, de nombreuses victimes assument une certaine responsabilité dans la douleur émotionnelle qu'ils ressentent. Même si elles savent que ce que l'autre personne fait est mal, elles peuvent toujours trouver des excuses. Elles diront des choses comme "il a été maltraité lui aussi" ou "il a eu une vie vraiment difficile". C'est peut-être vrai, mais nous avons tous souffert, et cela ne signifie pas qu'il est acceptable d'infliger ce genre de souffrance à d'autres personnes.

Lorsque vous pouvez prendre la manipulation et l'utiliser pour le bien, elle se transforme en influence. Lorsque vous cessez d'essayer de prendre aux autres et que vous diffusez à la place les connaissances positives que vous auriez pu acquérir, cela peut créer une relation saine et durable. Plus vous êtes capable de persuader positivement les gens, plus vous pouvez devenir une influence. Plutôt que d'être quelqu'un qui ignore les émotions et se contente de prendre chaque sentiment comme il est, vous pouvez utiliser toutes ces mentalités individuelles comme des moyens de vous donner du pouvoir, à vous et aux autres personnes qui vous entourent.

Les influenceurs ne sont pas mauvais. Ils savent comment inspirer aux autres des perspectives différentes. Les plus grands influenceurs du monde ont trouvé quelque chose qui devait être changé pour le plus grand bien et ont décidé d'inspirer les autres à le faire. Ils voulaient un monde meilleur pour eux-mêmes, mais ils ont aussi réalisé que le meilleur monde serait un monde dans lequel chacun profiterait et s'épanouirait plutôt que de se contenter de lui-même.

Les manipulateurs veulent vous transformer en marionnette. Ils ont leurs propres besoins individuels qu'ils vous utiliseront pour essayer de les combler. Les influenceurs préféreraient que vous soyez le marionnettiste de votre propre monde. Ils comprennent que les gens seront plus utiles pour le plus grand bien s'ils peuvent penser de façon créative et autonome. Les manipulateurs comprennent que vous pourrez mieux servir leur but s'ils peuvent vous contrôler, et ils veulent vous contrôler afin que vous fassiez ce qui est le mieux pour eux et pas seulement pour vous.

Les manipulateurs veulent vous exploiter alors que les influenceurs préfèrent vous aider à vous épanouir (Duncan, 2018).

Qui sont ces personnes ?

Les manipulateurs ne seront pas toujours conscients qu'ils ont un comportement malsain et potentiellement dangereux. Parfois, ils sont simplement perdus dans leurs illusions. Beaucoup de manipulateurs auront vécu cela eux-mêmes, ils ne penseront donc pas que ce qu'ils font est nécessairement mal. Même lorsqu'ils ont des moments où ils remettent en question leur comportement, leur cerveau s'est tellement adapté à leurs illusions qu'ils trouveront un moyen de se convaincre que ce qu'ils font est juste et bon.

Les manipulateurs feront tout ce qu'ils peuvent pour s'assurer qu'ils sont toujours bien vus. Ils rabaisseront les autres pour se faire encore mieux voir. Plutôt que de se moquer d'eux-mêmes, ils s'assureront que les autres soient la cible de la plaisanterie. Le premier signe qu'une personne est un manipulateur est lorsqu'elle commence à faire des blagues qui ne font que blesser les autres. Il peut s'agir d'attaques sur l'apparence d'une personne, qui obligent tout le monde à faire attention à ses défauts afin que les membres du groupe soient distraits par les défauts du manipulateur. Ils peuvent plaisanter sur ce que vous avez dit, vous faisant vous sentir stupide pour avoir partagé cette phrase. Cela peut les faire paraître encore plus intelligents parce qu'ils ont attiré l'attention du reste du groupe sur quelque chose de moins qu'intelligent. Il est courant pour les manipulateurs de se mettre au centre de l'attention en créant une plateforme pour se moquer des autres de leurs traits de personnalité.

Parfois, ils finiront par jouer les victimes. Ils peuvent vous donner l'impression que vous leur faites du mal en essayant de faire ressortir une façon dont ils vous font réellement du mal. Si vous leur dites : "J'ai l'impression que vous m'avez fait du mal l'autre jour", ils peuvent facilement vous le retourner en vous demandant quelque chose comme : "Comment avez-vous pu penser cela de moi ? Tu ne penses pas que je vaux mieux que ça ?" Ils vous détourneront du vrai problème, du plus gros problème, tout cela en le retournant et en le rendant entièrement de votre faute.

Les manipulateurs sont vraiment doués pour le mensonge, à tel point qu'ils se sont généralement convaincus de leurs propres mensonges. C'est pourquoi même les criminels les plus malfaisants pourront faire semblant de passer au détecteur de mensonges. Ils se sont tellement convaincus de croire aux mensonges qu'ils ont dit qu'ils auront souvent de nombreuses excuses pour atténuer les accusations autour de leurs mensonges. Ils se sont déjà donné ces excuses pour justifier le mensonge dans leur cerveau, il leur sera donc plus facile de réciter les contre-vérités lorsqu'ils seront confrontés.

Ils utilisent leur contrôle pour avoir du pouvoir sur vous. Ils sont très conscients de la façon dont la manipulation leur donne le dessus, et ils vont exploiter ce pouvoir au maximum. Il est important pour eux d'avoir ce haut niveau de pouvoir parce qu'ils auront peur que si les choses tournent mal, vous leur fassiez autant de mal qu'ils vous en font. Si on donne déjà du pouvoir à un manipulateur sans qu'il n'essaie, il va aussi l'exploiter comme un fou. Ceux qui occupent des postes élevés au travail, ceux qui ont de l'argent et ceux qui ont un pouvoir de décision l'utiliseront souvent à leur avantage. Il suffit de regarder les personnes de l'industrie cinématographique qui ont été exposées comme de récentes victimes d'abus sexuels de la part de producteurs éminents et d'autres membres de castes populaires qui ont commencé à se manifester à propos de ce qu'ils ont vécu. Il est clair qu'ils ont utilisé leur statut et leur richesse pour manipuler leurs victimes et les faire se sentir impuissants afin qu'elles cèdent à leurs demandes. Puis, même après coup, ils ont pu utiliser leur statut pour faire taire les victimes et leur donner l'impression qu'ils n'avaient pas d'autre choix que de garder le secret sur ce qui leur était arrivé par peur des représailles.

Ils peuvent vous rabaisser et vous faire sentir comme si vous étiez stupide. Ils utiliseront des expressions faciales telles que des sourcils froncés et des regards sales afin de vous faire taire.

Ils se moqueront de ce que vous dites et ignoreront vos pensées, tout cela dans le but de vous faire passer pour un idiot. Ils diront des choses comme "de quoi parlez-vous" ou "vous n'avez aucun sens" afin d'essayer de faire taire quelque chose de substantiel que vous pourriez dire en réalité. Bien sûr, ce que vous partagez n'est peut-être pas la chose la plus intelligente à certains moments, mais personne ne doit vous faire sentir stupide pour cela. Il existe de meilleures façons de faire savoir à quelqu'un qu'il n'est pas totalement sensé.

Ils tenteront souvent de vous faire croire que vous êtes aussi fou. Si vous leur parlez de quelque chose, ils peuvent vous dire quelque chose comme "vous vous souvenez mal des choses". Ils mentiront carrément pour s'assurer que vous pensez que vous êtes fou. Ils vous feront commencer à remettre en question votre propre mémoire et, par conséquent, votre propre santé mentale. Ils nieront les choses autant que possible afin de mieux servir leurs illusions. Ils vont vous rendre fou pour avoir soulevé des questions, peut-être en vous disant que vous réfléchissez trop ou que vous regardez quelque chose de trop profond.

Les manipulateurs vous donneront l'impression que tout est de votre faute, et ils chercheront d'autres moyens de vous faire porter le chapeau. Vous entendrez souvent de nombreuses victimes d'abus déclarer qu'une attaque émotionnelle ou physique était de leur faute pour avoir initialement provoqué le manipulateur. Les manipulateurs savent qu'ils doivent encore donner un sentiment de contrôle à leurs victimes afin de les maintenir dans la dépendance, ils donneront donc ce contrôle à l'abusé sous la forme d'un pouvoir sur les émotions de l'agresseur. Ils diront des choses comme "tu sais que ça me dérange quand tu parles de ça" ou "tu me mets vraiment en colère en ce moment", quand la victime essaie d'évoquer des moments où l'agresseur pourrait lui avoir fait du mal. Les personnes maltraitées commenceront à penser que c'est elles qui ont un problème et qu'elles doivent régler quelque chose à leur sujet ; elles finiront par cesser d'essayer d'aider l'agresseur à voir leurs propres schémas négatifs.

Les manipulateurs peuvent vraiment drainer votre énergie. Ils vont complètement vous aspirer la vie mais ne vous apporteront rien en retour. Votre esprit sera volé par ces individus abusifs et il ne vous restera finalement rien d'autre qu'une coquille de la personne que vous étiez. Soit ils vous garderont pour toujours comme un serviteur loyal, soit ils se fatigueront et passeront à la victime suivante. Ils ne se soucieront pas des choses qu'ils vous ont faites et ne vivront que pour servir leurs propres intentions.

Les manipulateurs ne grandissent pas personnellement. Plutôt que de regarder en eux-mêmes et de s'améliorer, ils se tournent vers les autres et les blâment pour leur malheur ou leur insatisfaction dans la vie. Parfois, ceux que vous connaissez peuvent utiliser de légères tactiques de manipulation. Nous le faisons tous de temps en temps sans y penser. Ce qui différencie un manipulateur d'une personne ordinaire ayant de petites mauvaises habitudes, c'est qu'il fera tout ce qu'il faut pour se justifier. C'est un modèle d'abus que vous verrez, alors que la personne moyenne pourra se regarder et évoluer dans une situation toxique. Ce que vous pourrez toujours utiliser pour décider s'il s'agit de manipulation ou d'influence est une évaluation de l'objectif de la personne qui essaie d'être persuasive.

L'objectif des manipulateurs

Les manipulateurs vous utiliseront dans une partie de leur voyage pour obtenir ce qu'ils veulent. Ils ont leurs propres objectifs et désirs, et plutôt que de regarder au plus profond d'eux-mêmes et de contrôler leurs propres pensées et émotions, ils commenceront à contrôler les autres. Pensez à la dernière fois où vous étiez sur le canapé à vous détendre et où vous avez eu besoin d'obtenir quelque chose de l'autre côté de la pièce. Peut-être que votre téléphone était sur le comptoir de la cuisine où se trouvait votre colocataire. Il est plus facile de leur demander de prendre votre téléphone et de vous l'apporter plutôt que de vous lever de votre position confortable et de le prendre vous-même, n'est-ce pas ? C'est le genre de mentalité qu'ont les manipulateurs. Bien sûr, il n'est pas manipulateur de demander une faveur à quelqu'un, mais ceux qui choisissent de manipuler les autres savent qu'il est plus facile de faire faire des choses à d'autres personnes pour eux, de sorte qu'ils ne prendront jamais la peine de regarder au fond d'eux-mêmes et d'essayer de s'améliorer par eux-mêmes.

Les manipulateurs auront l'impression de ne pas avoir le contrôle de leur vie. Peut-être n'ont-ils pas atteint le statut social souhaité, ou peut-être n'ont-ils tout simplement pas la patience d'attendre pour obtenir les choses qu'ils veulent. Ils chercheront des méthodes de contrôle en prenant le pouvoir sur des personnes innocentes. Ils se seront habitués à réagir immédiatement à leurs émotions plutôt qu'à y réfléchir et à les travailler de manière saine, ce qui les amènera à chercher plus souvent à exercer un contrôle que de travailler sur eux-mêmes.

Ils peuvent se sentir seuls et comme si d'autres étaient à leur recherche. Ils auront généralement été isolés à un moment donné, et ils auront probablement des relations malsaines. Cela peut les faire se sentir seuls. Surtout lorsque vous êtes dans une dynamique de pouvoir, il sera plus difficile de communiquer avec vos subordonnés si vous maintenez les restrictions d'autorité sur eux. Cela peut être très solitaire, il est donc facile de commencer à se sentir comme si tout le monde était contre vous. Si vous êtes une personne aux pensées négatives, que vous n'avez pas le sentiment de contrôler une situation et que vous vous êtes isolé des autres, il est très facile de commencer à vous imaginer avec une mentalité de "moi contre eux".

Ils pourraient être confrontés à leur propre immense douleur et se sentir mieux lorsqu'ils peuvent l'exercer sur d'autres personnes. Pensez à la dernière fois où vous avez été frustré par un objet physique. Peut-être essayiez-vous de réparer quelque chose qui était cassé, ou peut-être avez-vous fait tomber quelque chose sur votre pied. Bien que cet objet n'ait aucun sentiment, il peut quand même être très agréable d'exercer votre pouvoir sur cet objet et de lui infliger une douleur en retour. Par exemple, pensez à quelqu'un qui est frustré par son téléphone lorsqu'il ne fonctionne pas ou qui se met en colère en regardant un match de sport à la télévision. Si les choses ne se passent pas comme prévu, il peut s'en prendre à cet objet. C'est parce qu'ils ont l'impression de ne pas avoir de pouvoir sur l'objet qui leur a causé la douleur car il contrôlait leurs sentiments. Pour tenter de retrouver ce pouvoir, ils blessent l'objet afin de ne plus ressentir de douleur.

Ils peuvent avoir l'impression que leur vie n'est pas juste. Ils ne verront pas les bons côtés et se concentreront uniquement sur les aspects négatifs de leur vie. Il sera très difficile pour une personne manipulatrice de voir les privilèges qui lui ont été accordés, de sorte qu'elle finira par avoir l'impression que rien n'est bon dans sa vie et que tout le monde est contre elle.

Même si les manipulateurs semblent avoir du pouvoir, ils seront généralement assez gênés. Cela créera en eux le désir d'améliorer leur estime de soi. Ils ne se sentiront mieux qu'en rabaissant les autres. Plutôt que de réfléchir sur eux-mêmes et d'admettre quand ils ont tort, ils seront beaucoup plus enclins à montrer du doigt ceux qui sont "pires qu'eux" afin de se distraire de leurs plus grandes insécurités.

Parfois, ils se contentent de faire mal et cherchent un moyen de combler cette douleur en blessant les autres. C'est un sentiment de grande solitude que de s'accrocher à une telle douleur émotionnelle, et il se peut donc qu'ils essaient désespérément de se connecter à quelqu'un d'autre pour ne pas avoir à passer par le processus d'avoir autant de dommages émotionnels.

N'oubliez pas que ce n'est pas parce qu'ils ont des raisons profondes de manipuler que ce qu'ils vous font est acceptable. Nous sommes tous blessés à notre manière, et certains d'entre nous choisissent de s'en prendre à d'autres, et d'autres non.

L'objectif des influenceurs

Il est important de se rappeler que toute manipulation ne doit pas nécessairement être une mauvaise chose. Encore une fois, tout ce que vous découvrez derrière les véritables intentions de quelqu'un qui vous manipule ou non sera son objectif global. Vont-ils essayer de vous aider pour le bien de tous ou profiter de vous juste pour le bénéfice de l'un d'entre vous ?

L'influence, c'est quand vous connaissez une grande vérité positive et que vous voulez la partager avec les autres. Vous l'avez peut-être découverte par vous-même, ou vous avez peut-être été influencé par quelqu'un d'autre et avez décidé de prendre cette pensée sur vous. Vous pouvez alors transmettre cette idée aux autres et créer un monde meilleur et plus sain où chacun peut s'épanouir plutôt que de souffrir. Si vous y parvenez, vous pourrez alors aider de manière positive tous ceux qui vous entourent.

Des livres comme celui-ci peuvent avoir une influence. En tant qu'auteur, il est important de convaincre ceux qui lisent qu'ils méritent de sortir du cycle de la manipulation. En tant que personne ayant vécu cette expérience vous-même, il est important de partager des messages avec ceux qui pourraient vivre les mêmes choses afin de les aider à briser leurs craintes. Il peut s'agir d'un livre sur la façon d'être soi-même manipulateur et sur les moyens d'utiliser la psychologie sombre pour obtenir ce que l'on veut. Au lieu de cela, nous allons nous concentrer uniquement sur la diffusion de la manipulation positive, car c'est ce qui sera le mieux pour tout le monde à long terme également.

Les personnes influentes voudront partager leur passion. Ils auront découvert une plus grande vérité et seront arrivés à la conclusion qu'ils savent comment la partager. Ceux qui sont des influenceurs ont également ressenti la douleur que vous avez déjà ressentie. Ils ont vécu des moments plus sombres, ont surmonté des luttes et ont découvert la façon de s'en sortir. Il peut être difficile de se rendre compte de la manière dont vous pouvez vous sortir de votre douleur en tant qu'individu, il est donc important de reconnaître que vous pouvez apprendre à le faire auprès d'autres personnes qui ont déjà vécu les mêmes choses que vous.

Les personnes influentes voudront une situation bénéfique pour tous, et pas seulement pour elles-mêmes. Les personnes influentes savent qu'elles ne seront pas toujours là, mais elles veulent s'assurer que le monde sera meilleur longtemps après leur départ. Cela peut être dû à la bonté de leur cœur ou bien ils veulent simplement s'assurer que personne n'aura à se battre comme ils l'ont fait pour le reste de leur vie.

Les personnes influentes sauront écouter les autres. Ils comprennent qu'ils ne sont pas parfaits et seront plus que disposés à écouter les conseils de leur entourage. Les personnes influentes savent qu'elles n'ont pas toutes les réponses et que parfois elles en apprendront plus sur elles-mêmes grâce aux autres plutôt que de penser qu'elles ont tout ce dont elles ont besoin par elles-mêmes.

Ils reconnaîtront leurs défauts et feront de leur mieux pour changer. Ils auront la capacité d'admettre qu'ils ont tort et sauront que même s'ils sont une personne assez stable émotionnellement, ils auront toujours la possibilité de s'améliorer.

Ils resteront fluides avec certaines de leurs convictions afin de toujours être prêts à se critiquer et à critiquer les autres (Caprino, 2014).

Les types de manipulateurs de l'esprit

Nous savons déjà que les manipulateurs ont des formes et des tailles différentes. Il existe quelques types similaires dont vous devriez connaître la différence. Nous ne voulons jamais regrouper toutes les personnes en un seul groupe, car cela augmenterait la probabilité que nous fassions trop d'hypothèses. Lorsque vous commencez à trop présumer d'une personne, vous risquez de négliger des détails importants qui comptent vraiment. Cependant, le fait de connaître ces similitudes ne peut que vous aider à grandir en tant que personne.

Il y a quelques points communs entre tous les manipulateurs. Il ne s'agit pas nécessairement de schémas appris, mais plutôt d'une solution mentale pour obtenir les choses qu'ils pourraient désirer. Plutôt que de leur apprendre à être manipulateurs, leur cerveau peut parfois suivre une simple voie pour les aider à obtenir les choses qu'ils désirent le plus des autres.

Tous les manipulateurs chercheront généralement à utiliser votre plus grande faiblesse contre vous. Ils découvriront quelle est votre plus grande insécurité et tenteront de trouver des moyens de l'utiliser pour gagner du pouvoir sur vous. Ils pourraient essayer de découvrir ce en quoi vous êtes mauvais afin de pouvoir mettre en valeur ce trait en vous et vous faire sentir comme une mauvaise personne dans l'ensemble à cause de cela. Ils parleront souvent de vos faiblesses et de vos défauts et veilleront à les signaler aux autres chaque fois qu'ils le pourront pour tenter de vous humilier. Une fois qu'ils sont capables de le faire, il devient beaucoup plus facile d'exercer un pouvoir sur vous.

Ils essaieront souvent de se lancer dans des compétitions avec vous. Même dans les plus petites choses qui ne nécessitent absolument aucune compétition, ils chercheront des moyens de faire leurs preuves et de "gagner". Avec un manipulateur, une dispute ne sera jamais quelque chose qui aide à la fois les gens à grandir et à apprendre. Au contraire, ce sera seulement un moyen pour le manipulateur de prouver à quel point il peut être plus intelligent. Ils peuvent traverser la vie en faisant comme si tout était une compétition. Souvent, vous ne réalisez même pas à quel point quelqu'un d'autre est compétitif ou qu'il est constamment en compétition avec vous dans son esprit. Vous pouvez présenter quelque chose comme un accomplissement et, au lieu d'être heureux pour vous, ils peuvent vous montrer comment ils sont meilleurs que vous grâce à un accomplissement égal ou supérieur.

Ils utiliseront aussi vos mots contre vous. Un manipulateur sera vraiment doué pour s'accrocher à chaque mot qui sort de votre bouche et il cherchera à en tirer profit aux moments les plus aléatoires et sans rapport, afin de prouver son point de vue et d'exercer son pouvoir sur vous.

La culpabilité est également une excellente tactique. Ils feront de leur mieux pour s'assurer que vous vous sentez vraiment mal dans une situation qu'ils ont pu provoquer ! Ils trouveront un moyen de vous faire culpabiliser pour vos propres émotions. Parfois, nous pouvons réagir de façon malsaine, mais nous ne devrions jamais avoir honte de l'émotion que nous avons ressentie derrière cette réaction.

Ils seront absorbés par leur propre perspective et ne voudront pas voir les choses du point de vue de quelqu'un d'autre. Ils auront créé leur propre monde dans leur propre esprit qui ne sert qu'à eux. Si quelqu'un d'autre essaie de percer les murs du monde et de l'exposer à la vérité, le manipulateur se fermera complètement et protégera ses idéologies comme des soldats qui défendent leur maison. Les manipulateurs ne parviennent pas à se faire comprendre, et ceux qui parviennent à trouver la force de réaliser la faute à leur manière feront généralement cette découverte par eux-mêmes.

Certaines manipulations émotionnelles seront très difficiles à voir. Certaines personnes ont développé leurs tactiques de manipulation depuis leur adolescence, les laissant devenir la définition de ce qu'elles sont. Plus longtemps une personne manipule, mieux elle sera à même de cacher ses tactiques de manipulation manifestes et de les faire paraître moins nuisibles.

Les autres tactiques de manipulation seront plus manifestement violentes. Il peut y avoir des manipulateurs qui utilisent leur force physique pour commettre des actes de violence qui maintiennent les autres dans la soumission. Ils pourraient être capables de se gonfler la poitrine et d'utiliser un visage agressif pour garder les autres sous leur contrôle.

Dans chacune de ces catégories, les limites qu'ils sont prêts à franchir et les lignes qu'ils n'ont pas peur de franchir deviennent un peu plus extrêmes. Tous les manipulateurs auront plus d'un de ces traits dont nous avons parlé. Le degré d'enracinement de ces traits dans leurs relations et la violence qu'ils peuvent exercer sont des éléments qui varient réellement d'une personne à l'autre. Examinons quelques types spécifiques de manipulateurs et les tactiques individuelles qu'ils pourraient utiliser pour tenter de contrôler d'autres personnes.

Narcissique

Les narcissiques sont le type de manipulateurs le plus courant. Ils ont créé un monde dans lequel leurs propres opinions, pensées et actions comptent plus que celles de n'importe qui d'autre. Souvent, les narcissiques sont eux-mêmes issus de foyers abusifs.

Quand nous sommes enfants, nous avons une réaction de combat ou de fuite, mais nous n'aurons pas toujours la capacité de réagir comme nous le ferions en tant qu'adultes. Nous ne pouvons pas nous battre parce que nous sommes de jeunes enfants, et les parents ont plus de force physique sur nous. Nous ne pouvons pas fuir parce que, encore une fois, nous sommes des enfants, et nous ne pouvons aller nulle part ailleurs que sous la garde de notre tuteur parental. En réponse à cela, nous arrivons encore à "fuir" dans notre cerveau, en nous isolant dans un monde de protection que nous avons créé.

Des tendances narcissiques commenceront à se former avec l'âge en réponse à la fuite constante vers ce monde imaginaire que nous avons créé dans notre esprit. Dans ce monde imaginaire, nous vivons dans une frontière protégée par des murs épais que nous maintenons pour empêcher les autres d'y entrer. Dans ce monde, nous sommes protégés, ce qui signifie que l'ego ne peut pas être perturbé. C'est pourquoi les narcissiques auront du mal à admettre qu'ils ont tort et à voir les choses du point de vue de quelqu'un d'autre qu'eux-mêmes.

Les narcissiques ont besoin d'une tonne d'attention. Ils doivent être au centre de l'attention à tout moment. Quand ce n'est pas sur eux, ils s'éteignent complètement. Ils ne penseront qu'à eux-mêmes, et l'attention constante est nécessaire pour servir ce petit enfant qui est toujours protégé derrière les murs qu'ils ont construits.

Les narcissiques auront du mal à avoir de l'empathie pour les autres. Leurs propres problèmes sont devenus tellement exagérés qu'ils ne peuvent pas imaginer que quelqu'un d'autre se batte autant qu'ils pourraient l'être. Plutôt que d'écouter les autres et les expériences qu'ils ont pu vivre, les narcissiques ne se préoccupent que de partager leurs propres sentiments. Si vous parlez à un narcissique de vos problèmes, vous constaterez qu'il les retournera contre lui-même. Vous pourriez lui dire quelque chose comme : "Je me sens déprimé ces derniers temps". Une réponse saine est : "Je suis désolé que vous viviez cela, que puis-je faire pour vous aider à traverser cette épreuve ? Un narcissique pourrait dire quelque chose comme "je suis déprimé aussi" et continuer à parler de ses propres luttes. Il ne considérera pas une conversation comme un moyen d'interagir avec quelqu'un d'autre ; ce sera seulement un moyen pour lui d'entamer une conversation sur lui-même.

Ils penseront qu'ils sont les plus importants à ce moment-là. Ils sauront peut-être qu'ils ne sont pas parfaits, mais plutôt que d'admettre qu'ils peuvent travailler sur les choses eux-mêmes, ils rejetteront la faute de leurs défauts sur d'autres choses et d'autres personnes. Par exemple, si une personne a échoué à un test, elle peut dire aux autres : "Je n'ai vraiment pas compris cette partie du test, mais je dois aussi admettre que j'aurais pu étudier davantage. Un narcissique dira quelque chose comme : "Le professeur de la classe est terrible, et je ne pouvais pas me concentrer à cause des choses qu'ils faisaient", tout en donnant beaucoup d'autres excuses.

Les narcissiques ont souvent de grandes idées et fantasment souvent sur leur réussite. Ils envisagent un moment de leur vie où tout ira bien pour eux plutôt que d'essayer activement de travailler et de grandir dans ce sens.

Ils pensent qu'ils sont spéciaux et sans comparaison avec la plupart des gens, à l'exception de ceux qu'ils croient également être spéciaux et importants. Un narcissique croira honnêtement qu'ils sont meilleurs que la plupart des gens. Lorsqu'ils ont des gens qu'ils peuvent admirer, ils les idolâtrent et pensent qu'ils ne peuvent pas faire de mal.

Les narcissiques auront probablement du mal à être heureux pour quelqu'un d'autre. Ils ressentiront une intense jalousie et feront tout ce qu'ils peuvent pour essayer de faire tomber l'autre personne à cause de leurs succès.

Les narcissiques ont souvent l'impression qu'on leur doit quelque chose (Kassel, 2019). Bien sûr, nous avons tous une dette envers nos droits humains fondamentaux. Cependant, les narcissiques continueront à croire qu'ils méritent un traitement spécial avant tout le monde. Ils pensent que personne d'autre qu'eux ne mérite la grandeur qu'ils veulent que tout le monde leur donne.

Psychopathe et sociopathe

La sociopathie est communément associée au fait d'être un psychopathe. Les deux sont cependant différents et les psychopathes partagent certaines caractéristiques avec les sociopathes, mais ils sont certainement plus extrêmes que ces derniers. C'est vraiment la partie la plus sombre de la psychologie sombre. La plupart des tueurs en série, des meurtriers, des violeurs et des pires agresseurs seront soit des psychopathes, soit des sociopathes. C'est l'un des comportements humains les plus étranges, surtout parce que c'est quelque chose que nous ne pouvons pas du tout reconnaître chez les autres animaux. Les humains sont les seuls animaux qui semblent tuer et torturer les autres juste pour le plaisir.

Les psychopathes et les sociopathes sont tous deux très agressifs. Ils pensent que la violence est un excellent moyen d'obtenir les choses qu'ils désirent. Ils ne se soucient pas du tout d'infliger de la douleur à d'autres personnes, c'est pourquoi beaucoup seront si violents envers d'autres personnes.

Ils ne se soucient pas vraiment de leur image. Un narcissique sera plus soucieux de préserver les apparences et de s'assurer qu'elles sont présentées sous un certain jour, alors qu'un psychopathe ou un sociopathe n'a pas peur de laisser son côté sombre se montrer aux autres. Bien sûr, les psychopathes les plus doués du monde pourront continuer à se présenter sous leur meilleur jour à l'extérieur. Pensez aux tueurs en série comme

Jeffrey Dahmer et le tueur BTK qui ont vécu des vies régulières jusqu'au moment où ils ont été pris. Cependant, beaucoup d'autres psychopathes et sociopathes n'auront pas peur de crier et de hurler sur un groupe de personnes si cela signifie qu'ils obtiendront ce qu'ils veulent ou exerceront leur pouvoir.

Ils n'ont presque pas de limites et font rarement preuve de respect. Même si vous leur demandez ouvertement d'arrêter, ils repousseront les limites. Plutôt que de vraiment écouter les souhaits et les désirs de quelqu'un d'autre et de créer et maintenir des limites saines, ils créeront leurs propres limites et forceront les autres à suivre ces règles.

Ils ne se sentiront pas non plus désolés pour les choses qu'ils ont faites. Ils pourront dire "désolé", mais ils ne penseront jamais réellement les mots qui sortent de leur bouche. Ils ont peu de remords car ils manquent d'empathie.

Ceux qui sont communément influencés

Ce n'est pas votre faute si vous avez été manipulé. Si vous êtes quelqu'un qui s'est retrouvé dans de multiples relations avec des manipulateurs, vous n'êtes pas seul. Les manipulateurs recherchent généralement certains types de personnes afin de répondre à leurs propres besoins. Vous découvrirez rarement une relation étroite entre deux manipulateurs car tous deux auront du mal à avoir le dessus dans la relation. Parfois, nous avons certains traits de caractère qui nous rendent plus susceptibles d'être victimes de ces abus. Vous n'êtes pas responsable de cela et vous ne devez jamais vous permettre de prendre le blâme pour les abus que vous avez subis.

Il y a encore certaines choses que les gens recherchent lorsqu'ils choisissent une cible. Les manipulateurs veulent des personnes plus passives. Ils recherchent des personnes qui préfèrent supporter ce que disent les manipulateurs plutôt que d'essayer de combattre activement la manipulation que les manipulateurs tentent de faire respecter. Les personnes qui plaisent et celles qui sont très sensibles aux émotions seront probablement recherchées par les manipulateurs habiles.

Parfois, c'est simplement notre statut qu'ils recherchaient en premier. Les manipulateurs peuvent cibler ceux qui ont de l'argent ou un statut plus élevé parce qu'ils veulent simplement cela aussi. De temps en temps, il semble y avoir une histoire sur la façon dont une célébrité pourrait sortir avec quelqu'un qui ne s'intéresse à la relation qu'en raison de sa célébrité. Vous entendrez la célébrité raconter des histoires sur la bonté de cette personne et comment c'est le véritable amour. Cela peut être le cas, mais de temps en temps, on peut se demander s'il ne s'agit pas en fait d'une personne manipulatrice qui se sert de cette personne pour obtenir les choses qu'elle veut.

Ceux qui sont codépendants peuvent trouver qu'ils veulent aider les narcissiques. Ils ont un besoin profond en eux d'aider les autres. Ceux qui sont codépendants créent leur identité en faisant preuve de compassion et en fournissant aux autres l'aide dont ils ont besoin. Ils peuvent rechercher activement des personnes qu'ils seront en mesure d'aider et de servir juste pour satisfaire un besoin en eux.

Vous pouvez avoir une faible estime de soi et être souvent le premier à assumer la responsabilité d'une situation. Si vous êtes quelqu'un qui dit constamment "désolé" pour des choses qui ne sont pas, même de loin, de votre faute, méfiez-vous car cela peut être un trait de caractère que les manipulateurs recherchent. Ils veulent des gens qui seront plus durs avec eux-mêmes parce qu'il sera plus facile pour les manipulateurs de valider cette voix négative chez leurs victimes.

Ceux qui sont passifs et qui plaisent aux gens sont plus susceptibles d'être victimes de manipulateurs. Aucun de ces traits n'est nécessairement quelque chose dont vous devriez vous sentir mal. Il est juste important que nous soyons conscients de la façon dont ils affectent nos interactions avec les autres afin de mieux nous protéger à l'avenir.

Symptômes de la psychologie sombre

Afin de comprendre réellement la façon dont cette manipulation négative a affecté votre vie, il est crucial que nous prenions conscience de la façon dont ce type de violence émotionnelle a pu recâbler notre cerveau et de la façon dont nous nous percevons et percevons le monde. Tout au long de cette section, nous allons passer en revue une longue liste de tout ce que les autres ont pu utiliser contre vous et de tout ce qui a pu réellement transformer votre façon de penser. Les manipulateurs sont vraiment bons pour entrer dans votre tête et modifier le fonctionnement de votre cerveau. Il est donc crucial maintenant que nous comprenions mieux à quoi cela ressemble dans notre propre tête afin de pouvoir inverser nos pensées et vivre une vie plus heureuse et plus saine.

Une forme courante de manipulation est l'utilisation de l'humiliation chez les victimes. Les manipulateurs ridiculisent, se moquent et jugent leurs victimes afin de s'assurer que ce sont eux qui sont les plus beaux. Ils vont aller très loin dans leurs plaisanteries et n'ont pas peur de vous blesser. Tout ce qui compte, c'est que vous soyez la cible de la plaisanterie. Cela vous fait sentir comme si vous étiez une gêne. Vous aurez honte de certains aspects de votre vie, et cela peut vous rendre très gêné devant les autres. Plutôt que de vous occuper des vrais problèmes que vous avez avec vous-même, vous trouverez peut-être plus facile de vous renfermer sur vous-même pour ne pas ressentir plus de douleur et de souffrance de la part des autres.

Si vous avez été victime de violence psychologique, il y a de fortes chances que vous entendiez la voix de cette personne à l'arrière de votre tête. Lorsque vous vous sentez gêné ou légèrement honteux, sa voix est probablement la première qui vous vient à l'esprit. Vous pourriez réfléchir à ce qu'elle penserait si elle vous voyait, et elle vous fera vous sentir coupable de vos actes, même si elle n'est pas consciente des choses que vous avez faites. Ils ont réussi à se glisser dans votre tête, et il peut être incroyablement difficile de les en faire sortir. Vous pourriez même vous rendre compte que vous êtes au point d'être terrifié par eux ou par ce qu'ils pourraient vous faire, surtout s'ils découvraient la chose embarrassante ou honteuse que vous avez faite.

Vous pourriez découvrir que vous êtes quelqu'un qui dit toujours "désolé" ou qui s'excuse pour des choses auxquelles vous n'avez même pas participé. C'est parce que l'agresseur vous a fait honte pendant un certain temps et vous a toujours fait porter le chapeau. Vous serez rempli de regrets et de remords pour des choses sur lesquelles vous n'avez absolument aucun contrôle, tout cela parce qu'on vous a fait sentir que tout était de votre faute. Vous vous sentirez coupable et agonisant pour des choses qui sont bien au-delà de votre portée individuelle, et vous irez peut-être jusqu'à vous sentir coupable pour de grandes questions politiques et sociales, tout cela parce que vous avez honte de vos moindres actions.

Vous pourriez découvrir que vous êtes devenu une personne passive qui n'est plus capable de se défendre. Même lors d'interactions en dehors de la présence de votre manipulateur, vous pourriez découvrir qu'il est préférable pour vous de rester assis tranquillement et de ne pas participer à la conversation parce que vous avez trop peur ou parce que cela provoque trop d'anxiété en général pour que vous vous sentiez à l'aise de dire votre vérité et de vous défendre. Vous vous sentirez isolé et vous aurez l'impression de n'avoir personne avec qui vous pouvez vous identifier, tout cela pour qu'il soit plus facile pour eux de vous contrôler. Ils vous ont éclairé pendant si longtemps et vous ont donné l'impression que ce que vous aviez à partager n'avait aucune valeur, de sorte qu'il vous sera encore plus difficile de vous défendre et de dire ce que vous pensez maintenant.

À un certain niveau, vous avez peut-être même découvert que vous êtes mêlé à leurs problèmes et que vous êtes devenu codépendant de leur prise en charge. C'est dangereux, car même après avoir mis fin à la relation, vous pourriez encore être profondément dévoué à cette personne et ressentir fréquemment de la douleur et de l'anxiété lorsque vous ne pouvez pas être là pour prendre soin d'elle. La codépendance concerne une personne qui pourrait avoir besoin d'aide et d'assistance d'une manière ou d'une autre, et l'autre personne qui a besoin de l'aider. Elle se manifeste souvent dans les relations parents-enfants et avec les personnes qui s'occupent des personnes handicapées. Vous ne ressentez plus le besoin de prendre soin de vous parce que quelqu'un vous a dépouillé de votre propre identité. En réaction, vous assumez désormais le rôle de gardien de l'autre afin de trouver votre épanouissement. Cela peut souvent passer inaperçu, mais lorsque vous découvrez à nouveau que vous pourriez avoir ce problème, cela peut être assez dommageable.

Chapitre 3 - Traits de psychologie sombre

Maintenant que vous savez ce qu'est un manipulateur, vous pouvez commencer à mieux comprendre certaines des tactiques réelles qu'il utilise. Il peut être plus facile pour certains de commencer à comprendre ce qui constitue un manipulateur et les signes communs qui sont faciles à repérer. Mais que font-ils en réalité pour gagner du pouvoir ? Avec quelles méthodes vont-ils travailler pour nous maintenir sous leur contrôle pendant tout ce temps ?

Chacun aura ses propres méthodes pour exercer un contrôle sur les autres. Cela dépendra des aspects naturellement puissants qu'ils ont déjà, ainsi que du statut qu'ils détiennent dans la vie. Ces tactiques feront partie de leur personnalité et seront la façon dont ils sont naturellement habitués à réagir à différentes situations.

N'oubliez pas de ne pas laisser ces signaux provoquer la paranoïa. Faire quelque chose une fois ne signifie pas qu'ils sont manipulateurs. Il peut arriver que nous paniquions, et cela peut nous donner l'impression que nous devons faire quelque chose rapidement pour essayer de maîtriser une situation. Lorsque nous réagissons en fonction de nos instincts, c'est parfois parce que nous ne pensons pas toujours clairement, alors il se peut que vous ayez fait quelque chose de légèrement manipulateur par le passé.

Vous recherchez un modèle de comportement manipulateur. Ce n'est pas seulement un exemple de manipulation qui devrait vous donner l'impression de devoir fuir une personne qui essaie de vous contrôler. Ce dont vous devez être plus prudent, c'est d'un modèle de comportement qu'une autre personne semble avoir. Si elle fait ces choses de façon régulière, cela signifie qu'il y a de fortes chances qu'elle ait des tendances plus manipulatrices. Le plus grand signal d'alarme est si ce schéma se répète et qu'il n'y a aucun effort de leur part ou même une reconnaissance qu'ils devraient essayer de changer la façon dont ils gèrent leurs émotions.

Parfois, il faut pour cela dépasser les limites de la façon dont on peut juger quelqu'un et l'observer à vol d'oiseau. Il peut être difficile de voir toutes les restrictions de la manipulation lorsque vous êtes déjà pris au piège du web. Essayez de vous imaginer si vous étiez la personne en dehors d'une relation manipulatrice. Comment la verriez-vous par rapport à ce que d'autres pourraient faire ? Si vous partagiez cette expérience avec quelqu'un d'autre et essayiez de la décrire comme vous le feriez pour l'intrigue d'un film, à quoi cela ressemblerait-il ? Simplifiez-le autant que possible et permettez-vous une certaine perspective afin de découvrir si vous êtes vraiment dans une relation de manipulation ou non.

N'oubliez pas que vous ne devez pas utiliser ces tactiques pour profiter de quelqu'un d'autre. Il s'agit simplement de méthodes dont vous pouvez prendre conscience, de sorte que si vous avez l'impression que quelqu'un vous manipule, vous saurez comment y échapper. Vous devez venir d'un endroit où règnent la souffrance et la négligence pour faire cela à quelqu'un d'autre. La douleur que vous infligez aux autres est aussi une douleur que vous pourriez finir par ressentir vous-même.

Demandez toujours ce que le manipulateur pourrait vouloir tirer de cette situation. S'il y a quelque chose en jeu, il pourrait vous manipuler. Si vous n'êtes pas sûr de savoir si vous êtes paranoïaque à l'idée d'être manipulé ou si vous êtes réellement manipulé, demandez toujours quelle est sa véritable intention. Si vous ne pouvez pas comprendre pourquoi ils essaient de vous contrôler, alors ils le font peut-être dans le but de vous dominer.

Le langage corporel des manipulateurs

Malheureusement, tout le monde ne va pas avoir un grand panneau d'avertissement avec eux vous faisant savoir qu'ils vont essayer de vous manipuler. Si les plus grands manipulateurs du monde avaient ces signaux d'avertissement, nous serions bien mieux lotis. Nous serions capables de nous en aller avant de tomber dans leurs tactiques de manipulation. Il est tellement crucial que nous commencions à comprendre le langage corporel et les tactiques de ces manipulateurs maintenant plutôt que plus tard. Nous pouvons toujours nous retirer et nous rétablir, mais n'oubliez pas qu'il sera toujours plus facile de ne pas avoir à faire face à tout cela. Il est préférable de prévenir une maladie plutôt que d'essayer de la guérir, alors cherchez toujours des moyens d'éviter ces manipulateurs maintenant.

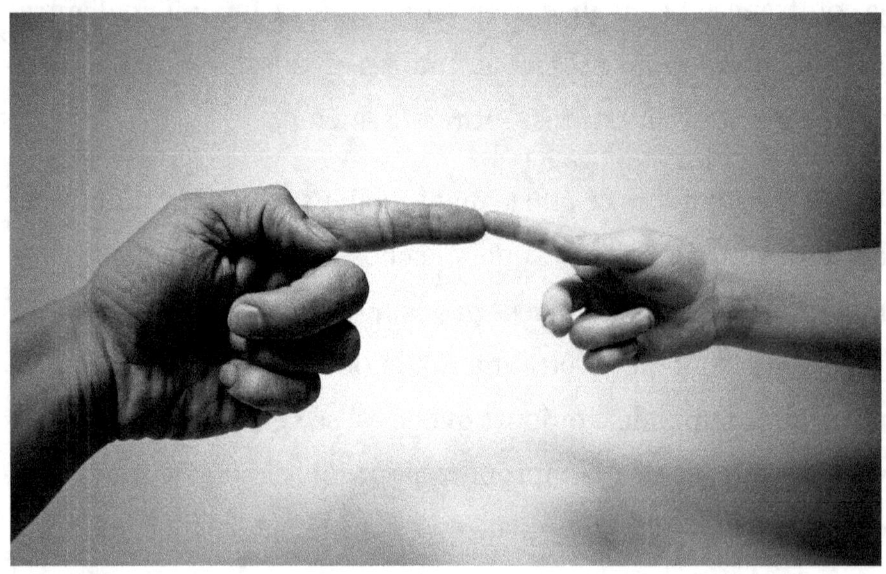

L'une des façons de prêter attention à la façon dont quelqu'un pourrait finir par nous traiter est de capter son langage corporel général. Il est très important d'écouter les mots qu'ils partagent et les pensées qu'ils ont, mais vous devez également vous assurer que vous pouvez capter les différents types de langage corporel qu'ils utilisent. Les choses qu'ils font avec leurs sourcils jusqu'aux pieds peuvent vous donner tellement d'informations que vous n'auriez jamais remarqué si vous n'aviez pas d'abord pris conscience de ce type de langage. Certains de ces gestes peuvent être intentionnels, mais il y a aussi des cas où ils sont entièrement inconscients. Ce peut être une façon d'essayer de vous persuader de faire quelque chose, un type de mouvement corporel pour vous rendre plus à l'aise autour d'eux afin que vous vous ouvriez, ou une façon de vous effrayer physiquement avec leurs mouvements corporels.

Au début, les manipulateurs se tiennent fermés. Ils voudront vous lire et comprendre qui vous êtes. Ils peuvent être énigmatiques dans ce qu'ils disent, mais vous commencerez aussi à remarquer qu'ils tiennent leur corps fermé. Il se peut qu'ils aient les bras croisés ou que leur langage corporel soit détourné de vous. Regardez leur mâchoire et la façon dont ils tiennent leur visage. S'ils sont tendus et fermés, cela peut vous donner l'impression qu'ils vous cachent des choses.

Ils peuvent aussi garder leur bouche fermée. Parfois, ils peuvent même mettre leur main sur leur bouche. Faites attention à ce qu'ils fassent un poing et qu'ils le maintiennent serré sur la moitié inférieure de leur visage. Cela peut être le signe qu'ils essaient de vous cacher quelque chose ou qu'ils s'empêchent de dire quelque chose qu'ils veulent vraiment partager. Parfois, des lèvres serrées peuvent aussi faire cela.

Elles peuvent essayer de se faire plus grandes, c'est pourquoi vous entendrez parfois les gens décrire les agresseurs comme "se gonflant la poitrine". Ils peuvent se lever même si tous les autres sont assis. S'ils se lèvent fréquemment et se font aussi grands que possible, ils peuvent aussi mettre leurs mains sur leurs hanches.

Ils peuvent se tenir debout dans une position large, les pieds plus éloignés que la largeur des épaules. Ils peuvent aussi s'asseoir de cette façon, les genoux écartés pour essayer de prendre le plus de place possible.

Encore une fois, certains de ces signaux du langage corporel peuvent être le signe qu'ils sont simplement anxieux. S'ils se sentent gênés, vous devriez regarder la façon dont ils se ferment avec les bras croisés ou en tenant un oreiller sur leurs genoux pour se tenir à l'écart. Vous devrez toujours vous demander s'ils essaient d'accroître leur confiance en eux ou s'ils essaient de s'imposer à tous les autres participants.

Langage du corps identique

Il n'est pas rare que nous correspondions au même langage corporel que ceux avec lesquels nous pourrions parler. Parfois, cela se produit naturellement sans même que l'on y pense. Combien de fois avez-vous constaté que vous avez repris les petites habitudes des autres ? Peut-être ont-ils une certaine phrase d'accroche ou rient d'une manière particulière. Parfois, nous faisons cela naturellement, mais faites attention aux personnes qui le font rapidement ou d'une manière qui vous rend un peu méfiant. Si quelqu'un dit déjà vos phrases d'accroche après quelques heures seulement de traîner, il se peut qu'il essaie intentionnellement de correspondre à votre langage corporel ou à votre comportement.

Un manipulateur va utiliser cette tactique, et il va en faire un peu trop. Si vous tournez votre tête sur le côté pendant que vous parlez, ils pourraient aussi tourner la leur. Si vous prenez une gorgée de votre eau, ils pourraient aussi le faire. Si vous vous levez et que vous vous déplacez, ils pourraient aussi bien le faire.

Il sera naturel que les autres veuillent se tourner vers vous pour mieux entendre ce que vous avez à dire. Cependant, si leur langage corporel imite constamment le vôtre, faites attention à ce qu'ils n'essaient pas de vous manipuler. Comme pour tout ce dont nous avons parlé, il s'agira d'un modèle de comportement. Il ne s'agira pas seulement d'une imitation ou de moments qui ont un sens. Ce sera une tentative constante d'essayer de faire les mêmes choses que vous.

C'est parce qu'ils veulent que vous vous sentiez plus ouvert avec eux. Ils veulent vous donner l'impression que vous pouvez tout partager ensemble. Il s'agit d'une tentative pour être plus proche de vous. Si vous voulez vraiment voir s'ils sont vindicatifs ou s'ils le font intentionnellement, commencez à changer votre langage corporel. S'il correspond et imite tout ce que vous faites, il sera alors plus facile de remarquer cette tactique chez les autres.

Fixation fréquente

Ceux qui ne vous écoutent pas pleinement tenteront de vous fixer de manière excessive. Plutôt que de s'engager réellement dans ce que vous dites et de vous fixer pour mieux comprendre ce que vous dites, certains manipulateurs essaieront plutôt de vous convaincre qu'ils vous écoutent. Ils peuvent planifier ce qu'ils vont dire ensuite, surtout si vous êtes au milieu d'une dispute. Ensuite, plutôt que de comprendre ce que vous dites, ils se diront : "Gardez un contact visuel pour qu'ils sachent que vous êtes engagé".

Parfois, ce regard est même un moyen de vous intimider. Ils peuvent utiliser leur regard pour s'assurer que vous savez qu'ils vous regardent. Ils peuvent insister exagérément sur le fait qu'ils vous regardent et tourner tout leur corps afin de le diriger vers vous. C'est une méthode qu'ils peuvent ensuite utiliser pour vous donner l'impression qu'ils ont plus de pouvoir sur vous.

Ils peuvent faire une grimace avec leurs yeux, puis vous dire que vous êtes fou si vous les appelez pour cela. Les manipulateurs sont vraiment doués pour garder leur front droit afin de vous donner un regard direct. Ils loucheront ou feront une grimace. Si vous leur demandez quelque chose comme "Qu'est-ce qui ne va pas ? Pourquoi faites-vous cette grimace", ils vous répondront par quelque chose comme "C'est juste mon visage". Ils trouveront un moyen d'agir comme s'ils ne vous lançaient pas un regard bizarre afin de donner l'impression que vous interprétez mal le scénario et que vous réfléchissez trop profondément à quelque chose qui n'est pas vrai.

Ils réfléchiront souvent à ce qu'ils vont dire ensuite plutôt que d'écouter réellement ce que vous partagez. Toutes ces méthodes sont faciles à assimiler si vous commencez à vraiment regarder la façon dont ils vous regardent. Un contact visuel excessif ou insuffisant peut être le signe qu'ils ne sont pas pleinement engagés. Certaines personnes ont vraiment du mal à établir un contact visuel, et d'autres auront des pensées anxieuses dans leur tête, alors elles pourraient faire plus d'efforts pour établir un contact visuel. Il suffit de faire attention aux yeux ombragés et aux tendances changeantes qui pourraient indiquer qu'elles tentent de vous contrôler.

Parler vite et bouger les mains

Les manipulateurs s'assureront qu'ils parlent avec leurs mains et aussi vite que possible. Ce sont deux méthodes que vous remarquerez fréquemment si quelqu'un essaie de vous convaincre de faire quelque chose. C'est une tactique particulièrement courante s'ils veulent vous convaincre de quelque chose qui sera clairement plus difficile à vous pousser à bout. Ils voudront vous pousser à accepter parce qu'ils savent que si on vous donne trop de temps pour vous décider, vous repérerez facilement les points faibles du plan.

Ils parleront vite, de sorte que vous ne pourrez même pas saisir toutes les petites choses qu'ils pourraient vous dire. Ils peuvent vouloir glisser quelque chose que vous ne remarquez pas, mais ils le disent quand même pour que vous ne puissiez pas dire qu'ils ne vous ont pas averti par la suite. Pensez à la dernière publicité que vous avez regardée pour un médicament. Ils commencent à vous dire tous les bienfaits étonnants de leurs produits, mais ils ajoutent aussi des avertissements et des effets secondaires à la fin de la publicité. Le début comprendra des dramatisations ou des interviews de "clients" vendant le médicament pour vous avec de jolies images et de grandes promesses. Après cela, la publicité se termine par un speed talker déclarant des choses effrayantes comme : "Ce médicament peut provoquer des hémorragies internes, une perte osseuse, des lésions cutanées, une croissance aléatoire des cheveux, et pourrait aggraver vos effets secondaires actuels". Veillez à toujours écouter tous les discours rapides que vous entendez, car vous ne savez jamais quels avertissements effrayants peuvent s'y cacher.

Les manipulateurs tenteront également d'exagérer leur point de vue en utilisant des mouvements de la main. C'est un phénomène que vous verrez chez de nombreux vendeurs ou chez ceux qui essaient au moins d'être persuasifs par des moyens légèrement négatifs. Ils vont vraiment faire valoir leur point de vue et essayer de prouver ce qu'ils affirment en utilisant des gestes grandioses et des mouvements de main amples ou rapides. C'est presque comme s'ils étaient le chef d'un orchestre et qu'ils essayaient de s'assurer que tout le monde les suit. Cette tactique n'est pas aussi mauvaise que la précédente, car certaines personnes seront simplement des conteurs d'histoires plus vifs qui font des gestes trop amples. Il faut donc être prudent avec cette méthode, surtout lorsque quelqu'un essaie de vous vendre un produit ou un service.

Tactiques de persuasion utilisées

Si vous n'êtes pas sûr d'être persuadé, n'oubliez pas de vous interroger sur l'intention de cette conversation. Il se peut qu'ils aient tout d'un manipulateur, mais essaient-ils en fait de vous contrôler ou veulent-ils simplement ce qui est le mieux pour vous ? Parfois, les gens savent vraiment certaines choses dont nous pourrions avoir besoin dans notre vie, comme un parent ou un conjoint. Ce n'est pas parce qu'ils vont à l'encontre de ce que vous dites et qu'ils ont une idée de ce que vous devriez faire à la place qu'ils sont manipulateurs. Demandez-vous toujours si c'est juste à cet instant précis ou s'il est naturel pour les autres d'essayer de vous contrôler. Il existe encore quelques autres méthodes de persuasion dont nous allons discuter afin de vous aider à prendre conscience des tactiques de manipulation que d'autres ont utilisées à votre égard.

Lorsque des personnes manipulatrices sont en colère, elles peuvent finir par vous traiter en silence. Ils se taisent complètement et ne vous donnent pas la possibilité de parler. C'est un peu comme une "grève" de la relation. Ils peuvent penser que s'ils vous excluent complètement de leur vie, ils seront capables de vous effrayer et de vous faire revenir en courant pour vous excuser, en acceptant la responsabilité même si c'est eux qui ont fait quelque chose de négatif au départ. C'est un geste froid et calculé qui peut vraiment blesser l'autre personne. Cependant, ils ne durent généralement pas si longtemps. Le fait est que l'autre personne, le non-manipulateur, sera généralement celui qui tendra la main parce qu'il est compatissant et empathique, et cela lui fait légitimement mal d'essayer de se passer de l'autre personne dans sa vie. La prochaine fois que quelqu'un vous traite en silence, laissez-le tranquille. Il finira par revenir vers vous. Si elle ne le fait pas, ce n'est pas une personne saine à avoir dans votre vie de toute façon. Parfois, les gens ont besoin d'espace, mais ils doivent d'abord vous le faire savoir. Il ne doit pas s'agir d'une simple tentative d'exclure quelqu'un de sa vie d'un seul coup.

Ils pourraient essayer de vous emmener dans leur "tribunal d'origine". Il s'agit d'une tactique de manipulation fréquemment utilisée par les vendeurs et autres individus qui tentent de conclure une affaire. Il s'agit d'amener quelqu'un à un endroit où la personne qui a le contrôle est plus à l'aise. Cela se fait aussi au niveau personnel. Un partenaire peut vouloir "parler", mais il choisit de le faire uniquement chez lui ou même dans sa voiture où il peut être celui qui conduit. Si quelqu'un tient absolument à ce qu'une discussion ait lieu uniquement dans son espace personnel, cela peut être le signe qu'il essaie de prendre le dessus.

Ils ne vous donneront pas vraiment l'occasion de parler. Ils veulent prendre la tête de cette conversation et de cette interaction. Ils ont besoin d'avoir le dessus, ce qui signifie qu'ils finiront par faire le plus de discours possible. Si vous constatez que quelqu'un vous interrompt fréquemment, assurez-vous de lui demander : "Puis-je finir de parler, s'il vous plaît ? N'essayez pas de les couper s'ils ne vous laissent pas finir à chaque fois. Donnez-leur une minute, puis laissez un moment de silence pour montrer que vous êtes aussi respectueux que possible. Ils pourraient se rendre compte à quel point ils ne vous laissent pas parler pour le moment, mais ils pourraient aussi finir par vous interrompre à nouveau. Si l'interruption se poursuit et que vos efforts pour parler ne portent pas leurs fruits, vous pouvez vous retirer de la situation et leur donner une chance de se calmer. Il est préférable d'avoir une discussion sérieuse lorsque les deux parties sont prêtes à écouter activement.

Elles vous rabaisseront et vous donneront l'impression que vous n'êtes pas très intelligent. Ils vous demanderont des choses comme "avez-vous vraiment dit ça ?" ou vous traiteront de "stupide" et "d'idiot". Ils vous donneront l'impression que vous n'êtes pas assez intelligent pour prendre vos propres décisions et chercheront des moyens d'insulter votre intellect par des commentaires passifs-agressifs.

La pression et les problèmes de temps peuvent être une façon pour eux de vouloir vous contrôler. C'est une autre méthode que de nombreux annonceurs utiliseront pour vendre leurs produits. Ils diront des choses comme "cette offre ne durera pas" ou "les stocks sont limités", afin de vous faire croire que vous êtes en train de rater une occasion unique dans votre vie.

Voici quelques questions plus complexes que vous pouvez commencer à comprendre afin de déterminer si vous êtes persuadé ou non.

Utiliser vos émotions contre vous

Les manipulateurs connaîtront vos plus grandes craintes. Ils sont très habiles à repérer vos plus grandes faiblesses et ils seront également conscients des choses pour lesquelles vous êtes doués. Ils voient beaucoup de choses à travers la lentille de la compétition, il sera donc courant de savoir dans quoi vous êtes bon et mauvais. Plutôt que d'essayer d'égaler vos compétences et de vous faire concurrence à un niveau équitable, ils vous mettront à l'épreuve dans tous vos domaines les plus faibles. Les manipulateurs n'ont pas peur de faire des coups bas. Une fois qu'ils auront pris conscience de vos plus grandes faiblesses, ils saisiront toutes les occasions qui se présenteront à eux pour s'assurer que vous êtes exploité dans ces domaines.

Ils verront que vous êtes heureux, et ils en profiteront également. Ils attendront que vous soyez de bonne humeur pour vous demander une faveur. Ils ne vous annonceront la mauvaise nouvelle qu'après vous avoir préparé le dîner ou vous avoir offert un cadeau. Ce n'est pas une méthode tout à fait terrible pour demander des faveurs aux autres et ainsi de suite ; cependant, ils devraient faire des choses gentilles pour vous tout le temps et pas seulement lorsqu'ils ont besoin de quelque chose de votre part.

Si vous vous sentez déprimé, ils vous aideront à vous sentir encore plus mal. Ils pourraient profiter de ce moment et l'utiliser pour valider un sentiment.

Par exemple, imaginez un couple comprenant un petit ami et une petite amie. La petite amie décide de retourner à l'école pour obtenir un nouveau diplôme. Le petit ami n'aime pas cela car cela signifie qu'elle ne sera pas à la maison aussi souvent pour l'aider à s'occuper de lui, et ses insécurités commencent à se manifester autour de sa réussite et de son intelligence. Il a peur qu'elle rencontre un nouveau partenaire à l'école et qu'elle le quitte une fois qu'elle aura amélioré sa vie comme elle le souhaite. Un jour, elle rentre de cours et est bouleversée parce qu'elle a échoué à un test. Une relation saine implique que le petit ami lui dise que tout va bien se passer et qu'elle ne doit pas laisser un seul test l'empêcher de réaliser ses rêves. Dans cette relation, le garçon est manipulateur, alors il lui dit que c'est un signe qu'elle devrait peut-être abandonner. Il l'utilisera pour valider sa perspective négative.

Charmeur et amour excessif

Un manipulateur sait exactement ce qu'il faut vous dire. Ils sont passés maîtres dans l'art du flirt et savent exactement ce qu'il faut dire pour que vous ayez envie de les entendre. Ils auront plusieurs répliques différentes qu'ils pourront peut-être réciter, et ils utiliseront souvent les mêmes phrases chez différentes personnes afin de les charmer.

Ils ont des phrases parfaites qui sortent tout en douceur. C'est parce qu'ils jouent souvent des scènes dans leur tête avant de les vivre réellement. Comme nous l'avons déjà dit, ils croient à leurs propres mensonges. Il sera plus difficile de les surprendre dans ces mensonges ou de les accuser d'être des imposteurs parce qu'ils ont déjà imaginé des lignes de défense dans leur propre esprit.

Ils voudront obtenir le même traitement de votre part. Ils pourraient vous surcharger d'amour et de cadeaux parce qu'ils s'attendent à recevoir le même traitement en retour. Ils pourraient vous faire ces faveurs et vous les renvoyer un jour à la figure lorsque le moment sera venu pour vous de leur rendre un service.

Ils ne le feront pas pour d'autres personnes. C'est particulièrement vrai pour une relation amoureuse. Si vous remarquez qu'ils sont très aimants envers vous mais grossiers envers vos amis, votre famille et même leurs amis, c'est un bon signe qu'ils sont faux. Les personnes véritablement charmantes seront comme ça avec la plupart des autres, et pas seulement avec la personne qu'elles veulent manipuler.

Le partage excessif puis l'inversion

Un manipulateur passera par quelques phases pour essayer de vous convaincre. Au début, pendant la phase de bombardement d'amour, il vous fera parler de vous. C'est là qu'il agira comme un thérapeute, juste là pour écouter tout ce que vous avez à dire et vous donner des commentaires de base pour vous aider à vous sentir mieux.

Ils vont ensuite partager avec vous aussi. Tout ce que vous avez vécu, ils le comprennent parfaitement. Si vous avez perdu un parent, eux aussi, et ils savent exactement ce que vous avez ressenti. Si vous avez été intimidé au lycée, ils l'ont été aussi. Ils chercheront tous les moyens de se rapprocher de vous et iront même jusqu'à mentir sur leur vie pour faire croire que vous êtes faits l'un pour l'autre.

Ils savent exactement ce qu'il faut dire pour que vous les écoutiez. Pendant cette phase, ils vont prendre tout ce qui vous concerne et le garder pour l'utiliser éventuellement contre vous. Ils vont vous amener à vous ouvrir pour qu'il soit plus facile de vous poignarder en plein cœur ! C'est un peu dramatique, mais c'est une véritable tactique que de nombreux manipulateurs peuvent utiliser. Ils voudront vous donner l'impression que vous pouvez leur faire confiance et leur dire n'importe quoi pour qu'ils puissent rassembler les munitions dont ils ont besoin pour revenir vers vous plus tard.

Ils veulent s'identifier à vous plus que quiconque afin de pouvoir commencer à vous isoler de tous les autres. Ils commenceront à vous donner l'impression que vos amis et votre famille ne vous comprennent pas et qu'ils sont les seuls à vous comprendre. N'ayez pas peur de vous ouvrir aux autres, mais veillez à ne pas être aveuglé par quelqu'un qui sait faire semblant d'être à l'écoute.

Confusion et inconfort

Les manipulateurs peuvent vous pousser à dépasser vos limites, mais ils vous font alors sentir mal si vous en parlez. Les manipulateurs ne se soucient pas de ce qui vous met mal à l'aise ou non. Ils te pousseront dans des situations qui te mettent mal à l'aise, puis se mettront en colère si tu essaies de parler de la façon dont ils t'ont blessé.

Pensons, par exemple, à deux meilleurs amis. Le premier, que nous appellerons Jim, a décidé de faire une farce à son ami Sam. Il a poussé la farce un peu trop loin et a fini par faire vraiment mal à Sam au passage. Peut-être que Jim a fait une farce en disant que son chien était mort ou que quelqu'un était entré par effraction chez lui. Sam n'a pas trouvé cela drôle du tout, alors il se met en colère et s'éloigne un peu de Jim. Au lieu d'être un ami raisonnable et de s'excuser pour ce qu'il a fait, Jim est un manipulateur. Il finit par s'énerver parce que Sam n'a pas pu supporter la plaisanterie et lui fait subir un traitement de silence pendant plusieurs semaines. Vous pouvez voir qu'il a dépassé les limites de Sam et a fait croire que c'était la faute de Sam s'il était contrarié.

Vous constaterez souvent qu'après avoir eu une interaction avec un manipulateur, vous finirez peut-être par vous dire quelque chose comme : "Que diable vient-il de se passer ? Ils peuvent vous poignarder dans le ventre avec un sourire sur le visage et vous laisser d'une certaine manière comme celui qui fait toutes les excuses.

Le "je plaisantais" prononcé sur un ton passif-agressif est un excellent moyen de vous faire sentir en tort pour avoir été bouleversé ou pour avoir partagé votre souffrance dans une certaine interaction.

Ils peuvent vous appeler par des surnoms différents plutôt que par le nom que vous voulez vraiment qu'on vous donne (Fellizar, 2018). Ils n'auront pas peur d'appuyer sur vos boutons, car c'est une façon de se divertir et de vous contrôler.

Tactiques du PNL

PNL signifie programmation neuro-linguistique. C'est un moyen de commencer à comprendre les méthodes dans lesquelles nous communiquons et comment nous pouvons manipuler la façon dont nous parlons avec les autres.

N est l'abréviation de neuro. C'est la façon dont notre cerveau fonctionne et le traitement neural qu'il subit lorsqu'il apprend et applique différentes informations. L est pour "linguistique". C'est le langage que vous utilisez pour interagir. P est pour programmation. Il s'agit de la façon dont nous avons été programmés pour penser dans ce monde. Beaucoup de méthodes dont nous avons déjà parlé sont aussi des techniques neurolinguistiques pour vous contrôler. Il s'agit notamment de :

• Vous amener sur leur terrain

• Parler rapidement et utiliser de grands mouvements de la main

• Langage corporel correspondant

Toutes ces choses ne sont pas mauvaises. Vous pouvez essayer ces techniques de persuasion vous-même. Il est juste important que vous vous assuriez de persuader et d'influencer une autre personne d'une manière positive qui vous sera mutuellement bénéfique à tous les deux.

Une autre tactique populaire de la PNL est l'ancrage. Il s'agit en fait d'alourdir une émotion afin qu'elle soit plus facile à susciter par la suite. Si la personne remarque que vous êtes d'une humeur particulière, elle peut simplement vous toucher. Ensuite, s'ils veulent susciter cette humeur plus tard, ils vous toucheront exactement de la même manière.

Il se peut qu'ils ne le fassent pas avec vous physiquement, mais aussi avec des objets. Disons que vous discutez d'une affaire commerciale avec quelqu'un qui maîtrise les tactiques de la PNL. Au début de la discussion, ils vous mettent d'humeur joyeuse en vous demandant comment va votre famille ou comment se sont passées vos vacances. À ce moment-là, lorsque vous êtes le plus heureux, ils peuvent faire quelque chose comme taper deux fois sur la table avec leurs doigts, une sorte de tic nerveux naturel qui passe la plupart du temps inaperçu. Plus tard, alors qu'ils essaient vraiment d'entrer dans le jeu, ils feront les mêmes tapotements, vous ramenant ainsi à ce moment heureux.

Faites attention à ceux qui semblent être des experts qui essaient de susciter ces sentiments. Il y a plus de personnes qui font des efforts pour s'entraîner avec ces méthodes de PNL que vous ne le pensez !

Chapitre 4 - Raisons d'analyser les gens

Nous devrions tous avoir un certain niveau de cognition sociale qui nous permettra de mieux comprendre et d'aider les gens qui nous entourent. Comme nous sommes des animaux de groupe qui ont besoin des autres pour survivre, il est important que nous sachions comment nous intégrer dans ce monde. Ce n'est pas une chose facile à faire, mais cela peut quand même être utile à notre survie de rencontrer d'autres personnes comme nous et d'établir des liens plus profonds avec ceux avec qui nous pouvons nous identifier.

Lorsque vous utilisez des tactiques pour essayer de mieux comprendre le fonctionnement des gens, il est plus facile de prévoir ce qu'ils pourraient faire ou comment ils pourraient agir. Plutôt que d'essayer de deviner votre chemin dans la vie, en vous demandant toujours comment les autres se sentent, vous pouvez vraiment commencer à prendre les choses en main et à mieux comprendre même les personnes les plus complexes que vous rencontrez. Cela vous aidera tout au long de votre vie, mais vous permettra également d'aider les autres. Nous avons tous des proches en difficulté que nous aimerions pouvoir aider davantage, mais cela peut parfois être difficile. Si vous commencez à analyser les gens et à mieux comprendre d'où ils viennent, vous vous donnez la possibilité de chercher des moyens de les aider réellement.

Il pourrait en fait y avoir des objectifs évolutifs qui expliquent pourquoi nous, en tant qu'humains, nous assurons de pouvoir capter le comportement des autres et d'en tirer des enseignements. Un léopard n'apprend pas à son petit à chasser en s'asseyant et en parlant dans les escaliers. La meilleure façon pour ces animaux d'apprendre est de commencer avec quelque chose de petit et de monter, tout en regardant leurs parents faire la mise à mort en premier pour leur donner une idée de comment cela fonctionne. Ces méthodes de compréhension en miroir du cerveau nous aident également à recueillir des informations précieuses, tout comme les animaux qui observent les autres pour apprendre.

En grandissant, vous pouvez commencer à comprendre votre environnement. Vous apprenez souvent des actions de ceux qui vous enseignent pendant que vous grandissez. Il est important de comprendre toutes les façons dont vous apprenez sur vous-même et sur les autres lorsque vous vous asseyez et que vous commencez à comprendre les nombreuses façons dont le cerveau humain fonctionne réellement. Vous serez plus en phase avec les différents signaux qui vous aideront à mieux comprendre globalement plutôt que de prendre les informations au pied de la lettre.

De nombreuses personnes ne diront pas réellement ce qu'elles pensent. Il est parfois difficile de s'exprimer en utilisant uniquement les mots que l'on connaît déjà. On ne nous apprend pas toujours à nous exprimer de manière saine, et il se peut donc que nous ne sachions tout simplement pas comment le faire. Il y a des situations où il peut être effrayant de s'ouvrir et de dire ce que l'on pense. Cette difficulté de communication peut conduire à des relations très toxiques et dommageables, de sorte que plus nous sommes équipés pour nous parler, plus il sera facile de naviguer dans la vie.

Lorsque vous pouvez apprendre à capter les indices verbaux et non verbaux, il devient plus facile de comprendre l'intention de ce que les autres désirent réellement. Au début, il se peut que vous manquiez encore quelques signes de personnes qui vous manipulent. Vous pouvez aussi vous rendre compte que vous êtes parfois paranoïaque et que vous regardez trop profondément des signaux qui ne signifient rien en réalité. La communication est une pratique qui n'est pas parfaite pour tout le monde, alors ne vous découragez pas s'il vous faut un peu de temps pour vous habituer à comprendre la psychologie des ténèbres.

Plus vous apprenez à analyser et à comprendre les gens, plus il devient facile de les manipuler également. Cela doit se faire de manière positive et influente, bien sûr. Examinons plus en détail pourquoi l'analyse des gens peut être importante.

Pourquoi utiliser la manipulation ?

La manipulation est un moyen facile d'amener les gens à faire ce que vous voulez. Si vous êtes quelqu'un qui a du pouvoir, de la force physique ou beaucoup d'argent, vous êtes déjà équipé pour être plus influent. Mais voici le problème. Vous pouvez donner des ordres aux gens, leur dire ce qu'ils doivent faire et intimider les autres pour qu'ils vous écoutent. Cela peut se faire facilement en fonction de votre statut dans la vie. Cependant, aucun de ces types de manipulation ne sera assez important pour durer. Au bout du compte, beaucoup de gens se rendront compte du contrôle qui s'exerce et seront moins facilement persuadés. D'autres auront peur et voudront s'échapper.

Vous ne voudrez plus manipuler les gens pour des raisons négatives. Si vous voulez vraiment avoir une influence durable, vous devez le faire de manière positive. Les autres seront plus influencés par vous et auront un plus grand respect lorsque vous pourrez partager une influence positive avec eux.

Si vous êtes une personne très consciente, vous pourrez alors utiliser votre influence pour le bien et contribuer à changer les choses pour rendre le monde meilleur. Un influenceur est une personne qui s'efforce d'être davantage sur un pied d'égalité avec les personnes qu'elle persuade. Vous aurez un moment où la communication pourra se faire et vous pourrez être ouvert avec l'autre personne. Cela vous permettra à tous les deux de vous épanouir et, même si vous ne savez pas si ce que vous faites est le meilleur choix, vous aurez un dialogue ouvert avec les autres, ce qui aidera à maintenir le groupe dans la bonne direction. Un manipulateur pensera qu'il sait exactement ce qui est le mieux pour tout le monde, et même s'il se rend compte qu'il a tort à mi-chemin, il fera tout son possible pour prouver qu'il a raison.

En fait, vous apprendrez beaucoup sur vous-même grâce à ce que vous apprendrez des autres. Parfois, vous avez vraiment besoin d'un point de vue extérieur pour saisir la réalité de la situation dont vous êtes le centre. Ils peuvent vous aider à être plus conscient de la situation, ou ils peuvent avoir vécu quelque chose de similaire qui vous donne un aperçu de votre propre scénario.

Vous pouvez aider à franchir les frontières que les gens n'étaient peut-être pas si disposés à changer dans le passé. Vous pouvez contribuer à montrer une influence positive et la manière dont elle peut transformer des vies pour le mieux, en permettant à des relations saines de se former entre vous et vos proches.

La manipulation vous permettra de vous exprimer enfin et de dire ce que vous pensez. Plutôt que d'être une personne passive qui a peur de se défendre, vous pouvez être plus disposé à exprimer vos opinions, ce qui vous donne la force de vous défendre.

Vous pouvez commencer à connaître les gens à un niveau plus profond en puisant dans leur subconscient, au-delà de ce dont vous avez discuté dans le passé. Il peut être facile de se mettre sur la défensive et de se détourner de quelqu'un, mais lorsque vous plongez vraiment dans le "pourquoi" des émotions, cela peut finir par vous rapprocher de l'autre personne. Toutes ces raisons dont nous avons parlé expliquent pourquoi il est important que nous apprenions à utiliser la manipulation mais sous la forme positive de la persuasion.

Comment se protéger contre la persuasion

Nous avons tous des moments où nous avons été facilement influencés par les autres. Peut-être avez-vous accidentellement signé pour quelque chose que vous n'auriez jamais fait si on vous avait donné plus de temps pour y réfléchir. Peut-être même que quelqu'un vous a escroqué ou vous a fait signer un contrat qui vous a laissé sur la paille. Ne vous sentez pas mal si cela vous est arrivé. Il est temps maintenant de prendre beaucoup plus conscience de la façon dont nous pouvons nous protéger dans certaines situations.

Parfois, il n'est pas si mal de laisser d'autres personnes prendre des décisions. De temps en temps, il est agréable de laisser une autre personne prendre les décisions concernant ce qu'il faut regarder à la télévision ce soir-là ou ce qu'il faut manger pour le dîner. Pas tous les soirs, bien sûr, mais il y a des cas où nous pouvons avoir du mal à prendre des décisions.

Cependant, nous devrions toujours être aussi conscients que possible des moyens par lesquels nous pourrions tomber sous la persuasion de quelqu'un d'autre. La première chose que vous pouvez faire pour résister à la persuasion est d'éviter complètement la personne qui essaie de vous persuader. Si vous remarquez qu'il pourrait s'agir d'une personne qui essaie de vous piéger pour que vous fassiez quelque chose, il est important de rester sur vos gardes immédiatement.

Ensuite, vous pouvez essayer de vous défendre. Faites-lui remettre en question ce qu'il essaie de vous vendre. Si vous n'êtes vraiment pas sûr d'être manipulé, posez toujours plus de questions. Assurez-vous de connaître le qui/quoi/pourquoi/quand/où de tout ce que vous pourriez signer. Soyez très conscient des aspects positifs et négatifs. Demandez "quel est le piège" chaque fois que quelque chose vous semble trop beau pour être vrai. Faites en sorte que le manipulateur fasse face à la vérité afin qu'il soit exposé et que vous soyez mieux protégé.

Demandez un peu de temps pour réfléchir lorsque vous ressentez une pression dans la situation. S'ils ne sont pas prêts à vous laisser une seconde de réflexion sans raison valable pour justifier l'urgence de la situation, c'est qu'ils essaient de vous piéger. Si quelqu'un vous dit : "malheureusement, vous n'avez pas le temps", demandez toujours "pourquoi ? S'ils vous donnent une raison valable, comme la fin d'un délai ou un risque plus important en ligne, alors, bien sûr, agissez comme il se doit. Toutefois, beaucoup de contrats peuvent attendre au moins jusqu'au lendemain matin, ce qui vous laisse vraiment le temps de réfléchir.

N'ayez pas peur de dire "non". Il peut être si difficile de dire "non" à certaines personnes. Peut-être qu'elles ne semblent pas prendre "non" pour une réponse, ou peut-être ont-elles été si gentilles et accommodantes que vous vous sentiriez coupable de dire "non". Ne laissez pas cela se produire ! Non signifie non, et si vous l'avez dit une fois, vous ne devriez pas avoir à le répéter. Ne laissez pas les autres vous faire honte pour avoir dit "non" !

L'un des meilleurs moyens de se protéger est d'avoir confiance en ses propres valeurs fondamentales et d'en être assuré. Cela peut se faire en développant vos niveaux d'intelligence émotionnelle.

Intelligence émotionnelle

Il est crucial que nous puissions tous atteindre un certain niveau d'intelligence émotionnelle. Votre QI est votre capacité à penser intellectuellement et logiquement. Votre intelligence émotionnelle (QE) est davantage basée sur votre capacité à comprendre et à reconnaître les sentiments et les émotions de votre entourage.

Pour atteindre un niveau élevé d'intelligence émotionnelle, vous devez être conscient de la nature de vos émotions et de l'endroit où elles ont commencé à se former. La première façon de commencer à devenir plus intelligent émotionnellement est de toujours se demander "pourquoi". Pourquoi êtes-vous triste ? Fâché ? Jaloux ? Peur ? Lorsque vous éprouvez ces émotions plus difficiles, demandez-vous toujours d'où elles viennent et à quoi elles servent.

Veillez à séparer l'émotion de la réaction. Si vous êtes en colère, vous pouvez réagir soit en vous taisant, soit en frappant un mur. L'émotion est la même, mais c'est la réaction qui est positive ou négative. Être en colère ou triste, ou toute autre émotion difficile, n'est pas une mauvaise chose. C'est lorsque vous ne réfléchissez pas à votre réaction que les choses peuvent devenir délicates. Une personne ayant un QE élevé sait comment réagir à ses émotions de manière saine, alors que celles qui ont un QE faible n'agissent souvent que sur des impulsions.

Remettez toujours vos émotions en question et assurez-vous que vous regardez vraiment au fond de vous-même. Cette émotion s'est-elle développée dans le passé ? Est-ce un processus de pensée qu'on vous a enseigné ? Est-ce quelque chose de plus récent que vous avez développé ?

Commencez à mieux écouter les autres aussi. Participez activement à ce qu'ils disent et ne restez pas assis là à essayer de planifier ce que vous allez dire ensuite. Écoutez leurs paroles et le sous-texte entre les deux.

Exprimez votre opinion et soyez honnête avec vos sentiments. Tant que vous ne faites de mal à personne, vous devez toujours exprimer ce que vous ressentez. Si vous refoulez vos émotions, vous ne vous ferez du mal que mentalement et physiquement.

N'oubliez pas de voir les choses objectivement. Ne qualifiez pas tout de "positif" ou de "négatif". Il y a beaucoup de choses entre les deux, et vous pourrez trouver un bon et un mauvais côté à la plupart des choses si vous cherchez bien. Efforcez-vous de dissiper cette ambiguïté plutôt que de tout mettre dans une boîte ou une autre.

Contrôlez vos réactions immédiates. Laissez-vous aller un instant à vos sentiments avant de décider de réagir. Lorsque vous commencez à vous améliorer, il devient d'autant plus facile de vous protéger contre la manipulation.

Symptômes du lavage de cerveau

Après avoir traversé une période où vous avez peut-être été victime de violence psychologique, il est important que vous preniez conscience de toutes les façons dont cela vous a affecté. Pour bien guérir et aller de l'avant, vous devez savoir comment cela a modifié votre façon de penser. La manipulation à long terme peut être particulièrement ancrée dans notre psyché. Il peut être difficile de se libérer de certaines des pensées et des mots que nos agresseurs nous ont mis dans la tête en premier lieu.

Ceux qui ont subi un lavage de cerveau croiront que la personne qui a fait la manipulation est le seul juge de leur valeur. Beaucoup de personnes qui ont été sauvées de sectes ont encore peur de ce que leurs dirigeants pourraient penser, tout cela parce que leurs valeurs sont devenues basées sur une échelle qui leur a été enseignée par leur manipulateur.

Si vous êtes très peu sûr de vous et que vous vous demandez toujours ce que dirait la personne qui vous a lavé le cerveau, c'est un bon signe qu'elle vous a manipulé émotionnellement. Si vous pouvez entendre sa voix à l'arrière de votre tête, c'est qu'elle vous a lavé le cerveau avec succès, et il est temps de commencer à ignorer cette voix, ou du moins à essayer d'y résister.

Si quelqu'un vous a fait honte en public, il a probablement joué un rôle dans votre lavage de cerveau. Ils ont essayé d'exercer un pouvoir sur vous dans un cadre public, et cela peut vraiment nuire à votre estime de soi.

Il se peut que vous vous soyez isolé de ceux dont vous étiez proche à cause de cette personne. Vos amis et votre famille ont peut-être essayé de vous aider, mais votre manipulateur vous a probablement dit qu'ils étaient tous contre vous.

Peut-être vous sentez-vous coupable et pensez-vous que vous auriez pu aider davantage votre manipulateur. C'est le signe que vous avez subi un lavage de cerveau parce que vous mettez la responsabilité de leur vie entre vos mains et que vous vous persuadez que vous auriez pu changer la façon dont les choses se sont terminées.

Peut-être vous a-t-on appris à craindre les étrangers ou même les croyances des autres qui ne correspondent pas à ce que votre manipulateur vous a appris. Si le manipulateur émotionnel nie qu'il vous a fait du mal de quelque manière que ce soit, c'est un bon signe que vous devez vous séparer de cette situation.

Ne vous inquiétez pas, votre voyage mental ne s'arrête pas là. La première partie du livre est terminée, et il est maintenant temps d'en venir au "comment" ! Comment allez-vous utiliser vos nouvelles connaissances en matière de manipulation afin d'en tirer profit ?

Chapitre 5 - L'art de la manipulation et de la persuasion

La manipulation est le côté sombre de la persuasion. Nous n'allons pas vous dire comment être manipulateur parce que cela ne va pas faire du bien au monde. Vous pourriez obtenir ce que vous voulez, mais vous blesseriez des gens en cours de route. On ne gagnera rien de substantiel en prenant d'abord aux autres. Si vous voulez vraiment avoir une influence durable, vous devez commencer à trouver des moyens d'être plus persuasif.

Ne persuadez pas des personnes qui ne seront pas en mesure de mieux vous connaître. Si quelqu'un n'est pas très intelligent et a vraiment du mal à comprendre les concepts de base, alors ce n'est pas une bonne idée d'essayer de les manipuler. Vous ne devez aider à inspirer les autres à penser les choses qu'ils seraient capables de faire par eux-mêmes, juste avec un peu d'encadrement. Inspirer quelqu'un, c'est lui donner une bonne idée qui influence ses propres schémas de pensée. Il ne s'agit pas de leur planter une idée dans la tête et de les amener à penser à quelque chose qu'ils n'auraient jamais pensé par eux-mêmes.

Ne persuadez jamais quelqu'un de faire quelque chose que vous ne feriez pas vous-même, si vous vous trouviez dans la même situation. Si vous n'êtes pas prêt à le faire, il y a fort à parier qu'il n'est pas non plus moralement correct d'attendre de quelqu'un d'autre qu'il le fasse.

La persuasion ne doit pas vous amener à prendre de l'argent à l'autre personne. Vous ne devez pas lui prendre quelque chose qui ne lui laisse rien. Si vous lui prenez quelque chose, alors vous devriez lui donner quelque chose d'égale ou de plus grande valeur dans le processus. C'est une expérience partagée qui vous aide tous les deux à devenir de meilleures personnes en fin de compte.

L'autre personne devrait toujours éprouver un sentiment de liberté. Pensez-y comme vous le feriez si vous trouviez un paratonnerre dans un bocal en verre. Vous pourriez mettre un couvercle sur le bocal et garder cet insecte pour votre plaisir. Ou bien vous pouvez aider l'insecte et le libérer. Si vous le gardez dans le bocal, il finira par mourir, mais si vous le libérez dans le monde, il ira où bon lui semble. Vous pouvez toujours aider les gens en leur donnant la liberté de prendre les décisions qui sont les meilleures pour eux.

Tout d'abord, examinons les mensonges et les tactiques trompeuses que vous devez éviter à tout prix et quelques autres rappels de la façon dont vous avez pu être manipulé dans le passé.

Tromperie et mensonges

Il est important que vous ne soyez jamais trompé dans votre voyage de persuasion. Le moment où vous commencez à essayer de tromper les gens en leur faisant croire autre chose que la réalité est celui où vous devenez négativement persuasif. Mentir est délicat. Vous pourriez le faire si vous le vouliez vraiment, mais à chaque mensonge, il y a une vérité. Le mensonge peut durer longtemps, mais la vérité restera toujours aussi longtemps que le mensonge. Ce n'est qu'une question de temps avant que le mensonge ne soit finalement découvert - s'il ne vous ronge pas d'abord.

Vous ne voulez pas essayer de convaincre les autres de ce qui n'est pas vrai. Vous devez être prudent quant aux autres façons de considérer le mensonge. La dissimulation de la vérité peut parfois être considérée comme un mensonge si vous gardez intentionnellement des secrets afin de persuader l'autre personne. Bien sûr, il y aura toujours des choses que tout le monde n'a pas nécessairement besoin de savoir. Si vous étiez dans une chambre d'hôtel, vous ne voudriez pas vraiment savoir ce que tout le monde a fait dans cette chambre. Mais il serait probablement plus important pour vous de savoir si cette chambre a des punaises de lit ! Si ce que vous cachez à l'autre personne peut l'affecter négativement, alors vous pouvez dire sans risque de vous tromper que vous devez lui dire la vérité.

Il est assez facile de mentir ! Par exemple, l'un d'entre eux est un mensonge. Choisissez celui que vous pensez être le bon :

• On peut entendre les battements de cœur d'une baleine lorsque l'on se trouve dans un rayon de deux miles.

• Plus de 2 500 écureuils vivent dans Central Park.

• Le Coca-Cola contenait autrefois de la cocaïne.

Lequel pensez-vous que c'est ? Devinez quoi ? Tout cela est vrai. Le vrai mensonge qui a été dit était que "l'un d'entre eux est un mensonge". C'est aussi simple que cela de mentir ! Vous pouvez le faire quand vous voulez, à tout moment. Le fait est que vous ne vous en tirerez pas toujours comme ça. Si vous ne vous en tirez pas comme ça, vous allez causer plus de problèmes que ce que vous auriez pu avoir au début, lorsque vous avez choisi de mentir.

Le mensonge est-il toujours mauvais ? C'est à vous de décider. Est-ce mal de mentir à un enfant en bas âge au sujet de son chat de compagnie qui s'est fait écraser par la voiture du voisin ? Est-ce mal de mentir à un client sur son apparence dans une robe pour pouvoir faire une vente ? Est-ce mal de mentir à son conjoint sur le fait qu'il a triché alors que vous avez déjà rompu avec votre maîtresse ? Nous pouvons tous avoir des opinions différentes à ce sujet. Peut-être pensez-vous que tout va bien, peut-être pensez-vous que tout est horrible. Dans tous les cas, ils sont courants et réels, et nous devons faire attention à ces mensonges.

Il y a des signes communs qui montrent que quelqu'un ment, et il faut être conscient de ces signes. Tout d'abord, regardez la façon dont ils parlent. Est-ce qu'ils bégaient ? Le bégaiement est une tique nerveuse que nous pouvons avoir, surtout dans les situations de haute pression. Regardez comment une personne peut bégayer ou trébucher sur ses mots. Si elle a simplement du mal à finir une phrase, elle peut être nerveuse. S'il a du mal à suivre le fil de l'histoire et s'il se lance dans des tangentes trop explicites, il se peut qu'il mente ou du moins qu'il déforme la vérité en sa faveur.

Combien de temps leur faut-il pour répondre ? Cela pourrait indiquer deux types de mensonges différents. S'ils prennent beaucoup trop de temps, alors ils réfléchissent à la meilleure façon de répondre qui leur donne une bonne image. S'ils ne prennent pas assez de temps et répondent très vite immédiatement après avoir été interrogés, il se peut que ces réponses soient déjà parfaitement planifiées. Regardez ce qui est demandé pour déterminer s'ils mentent ou non.

Sont-ils apparemment nerveux dans leurs mouvements ? Bouger, secouer les jambes et jouer avec les doigts peuvent être des tics nerveux, mais les ajouter à la transpiration, aux yeux sournois et aux déglutitions fréquentes pourrait indiquer qu'ils mentent. S'ils sont trop immobiles et incroyablement tendus, cela peut également signifier qu'ils font de leur mieux pour rester calmes. Les nouveaux manipulateurs qui pratiquent encore leurs méthodes seront probablement ceux qui prendront trop de temps à répondre et qui seront nerveux et changeants. Les manipulateurs habiles seront très calmes, concentrés et prêts à répondre parfaitement à toutes les questions.

S'ils semblent regarder vers la droite, cela peut être le signe qu'ils mentent. En effet, le côté gauche de votre cerveau contrôle la logique et le côté droit est responsable de la créativité. Si vous regardez le côté gauche, cela signifie que votre cerveau utilise les aspects de raisonnement de la mémoire de votre cerveau, et vous pourriez essayer de vous rappeler des détails. Vous utilisez la logique pour vous aider à vous souvenir de la réponse. Si vous regardez à droite, vous exploitez votre côté créatif. Vous essayez de trouver des excuses et des mensonges afin de vous couvrir.

S'ils se couvrent la bouche, cela peut être le signe qu'ils tentent de dissimuler des informations. Faites confiance à votre instinct si vous pensez vraiment que les gens mentent. Soyez prudent si vous décidez de faire appel à d'autres personnes. Vous ne voulez pas accuser quelqu'un et lui faire perdre votre confiance dans le processus.

Contrôle de l'esprit et lavage de cerveau

La différence entre le contrôle de l'esprit et le lavage de cerveau est la nature de vos intentions. Lorsque vous leur faites un lavage de cerveau, vous leur videz la tête de tout ce qu'ils pourraient vouloir penser par eux-mêmes. Vous essayez de leur enlever leurs propres pensées et idées pour les remplacer par les vôtres. C'est une intention malveillante.

Le contrôle de l'esprit est un peu mieux, car vous pourrez toujours aider à influencer leur façon de penser, mais vous ne le ferez pas d'une manière qui limite leur propre liberté. Il existe quelques tactiques de contrôle de l'esprit que vous pouvez utiliser pour le bien.

La première tactique que vous pouvez utiliser est la méthode d'amplification. Elle consiste à mettre en évidence les meilleures parties d'une chose et à s'en servir comme d'une arme. Pour être honnête, vous devez toujours vous assurer que tout le monde est conscient des aspects négatifs. Cependant, une tactique d'amplification peut aider les autres à s'enthousiasmer pour les petits détails d'un projet. Si une entreprise change de marque, elle peut trouver une nouvelle phrase d'accroche et en faire son argument de vente. Il peut s'agir d'une image ou d'une phrase qui vous aide à mieux vous souvenir des nouveaux produits qu'elle a créés.

Vous pouvez aussi faire en sorte que les choses semblent plus rares. Vous pouvez vous limiter ou limiter les choses que vous essayez de vendre afin de les rendre plus populaires. D'autres voudront profiter des options limitées afin d'atténuer les craintes qu'ils pourraient avoir plus tard de ne pas donner suite à l'achat.

Soulignez les compliments légitimes qui vont au-delà des compliments de base que les autres ont l'habitude d'entendre. Ne dites pas à quelqu'un que vous aimez ses chaussures. Dites-lui qu'elle a un style superbe ! Ne dites pas : "C'est une bonne idée". Essayez plutôt quelque chose comme "Vous avez une très grande capacité à trouver de nouvelles idées". Faites-leur des compliments plus substantiels que ce qui est souvent dit afin de vous donner un petit avantage.

Faites des efforts pour faire quelque chose de gentil pour les autres, mais n'acceptez rien en retour au début. Vous voudrez montrer que vous vous souciez et appréciez légitimement les autres, et que vous ne faites pas que des choses gentilles pour obtenir quelque chose d'eux.

Aidez les autres à comprendre qu'il faut agir dès maintenant. Donnez-leur votre point de vue et n'oubliez pas d'utiliser une formulation objective plutôt que quelque chose qui semble plus percutant. Ne dites pas : "Vous devriez faire ceci". Dites plutôt : "J'ai l'impression que faire cela m'a aidé, alors vous pourriez découvrir que cela fait la même chose pour vous si vous essayez". D'autres veulent penser qu'ils ont toutes leurs propres idées ; ils ne seront pas toujours aussi enthousiastes à l'idée de prendre en charge toutes vos pensées.

Utilisez la logique et la science pour étayer votre argumentation. Si je vous disais que 80 % des personnes qui lisent cette phrase croient que je n'ai pas inventé cette phrase, seriez-vous plus contraint de la croire ? Bien sûr, il n'y a aucun moyen de savoir si c'est vrai, mais les faits et les chiffres vont aider plus de gens à être prêts à croire les idées que vous partagez.

N'oubliez pas les petits détails concernant les autres personnes. Posez des questions sur leur famille, rappelez-vous le nom de leur animal de compagnie, discutez de leurs intérêts, etc. Pour mieux vous en souvenir, associez ce trait à quelque chose qui les concerne. Par exemple, le mari de votre employée s'appelle peut-être Ray, et il vient de sortir de l'hôpital après une opération, c'est pourquoi votre employée, Susan, a dû prendre quelques jours de congé. N'oubliez pas que Ray est son mari parce qu'elle est rousse. Associer les deux "R" à Susan vous aidera à vous souvenir davantage. Ensuite, quand elle reviendra, veillez à ne pas vous contenter de lui demander "Comment va votre mari ?" Demandez-lui plutôt : "Ray est-il heureux d'être de retour à la maison ? C'est beaucoup plus personnel et montre que vous vous souciez légitimement de votre bien-être et que vous ne demandez pas seulement à être gentil.

Faites preuve de souplesse dans la manière dont vous demandez les choses. Si vous montrez que vous êtes en colère, qu'ils n'étaient pas d'accord au début ou qu'ils ne sont pas prêts à faire des compromis, ce sera le premier refus de l'autre personne. La négociation consiste à laisser les deux parties s'exprimer afin que chacun en ressorte heureux et à l'aise avec les décisions qu'il a prises.

Faites toujours preuve de positivité et d'enthousiasme. Si vous ne pouvez pas être enthousiaste pour votre propre persuasion, pourquoi quelqu'un d'autre le serait-il ?

Ayez des plans de secours pour ce que vous pourriez essayer de persuader les autres. Tout le monde ne dira pas "oui", et les plans les plus détaillés que nous avons peuvent toujours aller dans des directions complètement opposées. Préparez-vous à ce que vous pourriez faire lorsque tout le monde refusera vos offres.

Mettez-vous à leur place afin de comprendre ce qui pourrait être un signal d'alarme pour eux. Imaginez pourquoi ils pourraient simplement dire non, et pas seulement ce que vous ferez si les choses se passent ainsi. Si vous pouvez vous mettre à la place de quelqu'un d'autre, vous serez mieux à même de comprendre exactement d'où il vient.

Comprendre le langage corporel

La première chose que vous voudrez faire en lisant le langage corporel d'une personne est de vous rappeler le contexte dans lequel vous vous trouvez. Si vous accordez un entretien à un nouvel employé potentiel, il est évident qu'il sera nerveux. Si vous interrogez un mari pour le meurtre de sa femme, alors il sera nerveux, mais il est aussi plus susceptible d'être un manipulateur que la personne du premier exemple. Le contexte va aider à révéler si vous devez ou non être vraiment sur vos gardes pour vous protéger contre des manipulateurs potentiels.

Regardez la façon dont quelqu'un tient son corps. Leurs bras sont-ils croisés ? Sont-ils fermés ? Rigides ? Secoués ? Commencez par observer leur position générale, puis vous pourrez mieux comprendre le message qu'ils essaient peut-être de faire passer par leur langage corporel. Leur posture et la façon dont ils sont positionnés peuvent vous donner une idée de ce qu'ils disent à travers leur corps.

À quoi ressemble leur sourire ? Des yeux plissés et des joues ridées vous montreront qu'il s'agit d'un sourire authentique. Des yeux qui restent identiques et des joues qui bougent à peine sont un bon signe qu'ils font semblant de sourire. Leurs sourcils en disent long sur le fait qu'ils sourient vraiment ou non. Des sourcils levés peuvent signifier qu'ils sont vraiment excités par quelque chose, tandis que des sourcils tournés vers l'intérieur avec un sourire peuvent signifier qu'ils sont heureux mais qu'ils se demandent toujours ce qui se passe. Des sourcils droits et inchangés sont généralement un signe que le sourire est faux.

Faites attention à la façon dont ils hochent la tête. Tout le monde ne s'en rendra pas compte, mais parfois, lorsque nous disons "oui/non" tout en mentant, notre tête peut en fait tourner dans le sens inverse. Disons que vous demandez à votre conjoint s'il a un problème avec le fait que vous organisiez une fête ce week-end. Il peut dire "pas de problème" pour maintenir la paix, mais il peut aussi finir par hocher la tête de haut en bas d'une manière qui nous fait généralement savoir que l'autre personne n'est pas d'accord. Ce n'est pas nécessairement de la manipulation, car ils peuvent vouloir juste être gentils et rendre l'autre personne heureuse. C'est toujours un exemple de la façon dont nos têtes peuvent bouger en sens inverse de ce que nous essayons de dire, révélant ainsi nos véritables intentions.

Quelle est leur tension ? Ont-ils la mâchoire serrée ? Regardez le coin de leur mâchoire juste en dessous de leur oreille. Vous pourrez voir s'ils tiennent vraiment leur mâchoire serrée à cet endroit, en fonction de la structure de leur visage. Nous serrons tous la mâchoire de temps en temps, surtout si nous subissons un stress constant. Cependant, un serrage et un grincement rapides peuvent indiquer qu'ils réfléchissent profondément, ce qui peut signifier qu'ils mentent.

S'ils se grattent la tête ou s'acharnent sur quelque chose, ils peuvent être un peu confus. Ils peuvent chercher à mieux comprendre, mais cela peut aussi indiquer qu'ils cherchent un meilleur mensonge pour couvrir leurs traces.

Comment prédire les autres

Parfois, nous nous contentons d'examiner le comportement des gens en fonction de leurs seules actions. Nous pensons que c'est la façon dont ils vont agir dans une situation donnée. Les gens montrent beaucoup de choses à travers leurs actions, mais il est important de prêter une attention particulière aux décisions que les autres prennent pour voir s'il y a une vérité cachée.

Assurez-vous de bien comprendre le contexte dans lequel les autres partagent leurs actions avec les autres. Vous ne voulez pas faire des suppositions à partir de la compréhension de base d'une personne. Par exemple, vous avez peut-être une connaissance qui traîne fréquemment dans votre cercle d'amis. Cette personne est très fermée et silencieuse. Elle n'est pas très amicale avec vous, vous supposez donc qu'elle ne vous aime pas.

Vous avez prédit que si vous l'invitez à sortir en solo, elle refusera. Cependant, vous ne vous rendez peut-être pas compte que cette personne est simplement très anxieuse sur le plan social. Elle ne se débrouille pas très bien en groupe, mais elle aimerait absolument faire votre connaissance en tête-à-tête. Vous avez seulement fait une hypothèse basée sur le niveau de compréhension de base de cette personne, mais il y a une vérité cachée qui a été négligée en reliant ces points.

Ne laissez pas une seule anomalie vous amener à supposer que quelqu'un va agir d'une certaine manière. Il se peut que vous rencontriez quelqu'un pour la première fois lors d'une fête et qu'il finisse par être vraiment ivre. Vous pouvez supposer qu'il s'agit d'un alcoolique, d'autant plus qu'il était prêt à dépasser ses limites après avoir rencontré de nouvelles personnes.

Plus tard, vous découvrirez peut-être que le soir où il vous a rencontré, il venait de sortir d'une relation et voulait se défouler à la fête après une journée particulièrement difficile. Ne faites pas d'hypothèses en vous basant sur ce que vous avez déjà appris. Considérez d'autres aspects pour vous aider à déterminer toute la vérité ou le tableau d'ensemble.

Apprenez à connaître d'autres personnes. Étudiez le comportement humain ! Remettez toujours en question les raisons pour lesquelles les autres font ce qu'ils font. Comprenez les motivations des autres. Qu'est-ce qu'ils veulent vraiment ? Cherchent-ils une plus grande vérité ? Remplissent-ils une partie vide d'eux-mêmes ? Essayent-ils de créer des liens ? S'ennuient-ils tout simplement ?

Décidez si les gens sont passifs ou s'ils sont actifs. Laissent-ils les autres faire ce qu'ils veulent et restent-ils calmes et sereins tout au long de la situation ? Sont-ils plus enclins à assumer des postes de direction avec ou sans incitation ?

Sont-ils réactionnaires ou réfléchissent-ils plus lentement ? Se donneront-ils un moment pour réfléchir à leurs émotions et y répondre ensuite, ou sauteront-ils et seront-ils agressifs au premier signe de menace ?

Plus vous vous exercez à analyser les autres et à passer en revue les données recueillies dans votre tête, plus il vous sera facile de les persuader et de vous protéger du contrôle des autres.

Chapitre 6 - Les étapes de la psychologie sombre

Maintenant que vous avez un niveau de compréhension de base du fonctionnement de la manipulation et de la persuasion, il est crucial que vous commenciez à comprendre les méthodes plus intermédiaires que certains pourraient utiliser sur vous afin de vous faire tomber dans leurs plus grandes déceptions. Vous ne devez jamais les utiliser vous-même. Nous les partageons uniquement avec vous afin que vous puissiez vraiment voir les méthodes les plus intégrées que d'autres manipulateurs utiliseront pour vous garder sous leur contrôle. Plus vous serez conscient et préparé à ces étapes de psychologie sombre, plus il vous sera facile d'empêcher cette manipulation de vous contrôler et de prendre votre vie dans une autre direction que celle que vous souhaitez.

Lorsque vous commencerez à ouvrir votre mentalité et celle des autres, il vous sera plus facile de détecter les petits indices au fur et à mesure que vous avancerez. N'oubliez pas que ce sera toujours une pratique. Au début, vous pourriez penser que vous pouvez faire des suppositions faciles et que vous avez tout compris. Toutes les vérités que vous découvrez auront toujours plusieurs couches. Vous avez peut-être réalisé que quelqu'un vous manipulait, mais regardez plus loin. Pourquoi le faisait-il ?

Comment cela vous a-t-il affecté ? Que pouvez-vous faire pour vous en remettre ?

Il y a encore quelques étapes que vous pouvez comprendre pour mieux éviter d'être manipulé et, si vous le souhaitez, utiliser à vos propres fins. Cela n'est pas conseillé, mais encore une fois, nous ne pouvons pas vous manipuler pour que vous ne soyez pas un manipulateur. Nous pouvons vous rappeler que faire ces choses ne vous donnera jamais ce que vous voulez. Au début, cela peut sembler être le cas, mais vous remplissez un trou avec toutes les mauvaises choses. Au bout du compte, vous aurez besoin de plus de pouvoir et de contrôle. Vous serez accro à la capacité de manipuler les autres, et les choses simples ne vous feront plus "planer". Vous devrez continuer à chercher de plus en plus de moyens de gagner du pouvoir sur les autres, et ce n'est qu'à la fin que cela vous fera le plus mal.

Vous ne devez jamais profiter de quelqu'un d'autre, mais dans des situations inoffensives, comme obtenir quelque chose de petit, ou peut-être conclure une affaire, vous pouvez utiliser ces tactiques. Vous voulez peut-être demander de l'argent à vos parents, alors vous faites la méthode de préparation à la persuasion. Peut-être essayez-vous d'inciter d'autres personnes à souscrire l'assurance inondation de votre entreprise, alors vous utilisez la méthode de la peur et du soulagement. Tant que vous n'essayez pas malicieusement de prendre aux autres, vous pouvez être assuré que votre persuasion est positive.

Victimisation

Il y a de vraies victimes dans le monde. Bien que nous ayons tous des choix à faire, ceux qui abusent peuvent enlever cette capacité à leurs victimes. Ils remplaceront les pensées de leurs victimes par des pensées qui leur sont propres, faisant ainsi en sorte que les victimes se sentent piégées et impuissantes. Être une victime n'est pas du tout une mauvaise chose. Tout le monde ne pourra pas s'empêcher de tomber dans le tissu de mensonges et de tromperies que de nombreux agresseurs créent pour piéger leurs victimes.

Et puis il y a ceux qui joueront le rôle de la victime tout simplement parce qu'ils cherchent à obtenir de la sympathie de votre part. Cela n'arrive pas aussi souvent que les gens le pensent, mais c'est une méthode que certains utiliseront pour obtenir les choses qu'ils veulent. C'est une façon de puiser dans la sympathie et la compassion de ceux qui sont proches du manipulateur afin de les faire tomber sous leur "charme".

C'est aussi une méthode de distraction. Si vous dites à quelqu'un qu'il vous a fait du mal, il peut dire : "Eh bien, vous m'avez fait du mal." Cela pourrait vous faire penser que vous avez fait quelque chose de mal, ce qui vous pousse à essayer de vous excuser auprès d'eux ! Ils renverseront la situation pour que vous ne vous préoccupiez plus de la question que vous avez soulevée au départ, mais que vous vous concentriez uniquement sur la prise en charge de l'agresseur à ce moment-là. C'est une tactique courante pour éviter que le manipulateur n'ait à faire face aux véritables problèmes qu'il doit résoudre.

Cette méthode est particulièrement utile pour les manipulateurs qui voient le bien dans les autres personnes. Ils seront capables de voir ce désir de s'occuper des autres et de l'utiliser à leur avantage.

Vous pouvez dire si une personne est réellement une victime ou si elle joue le rôle en réagissant à la compassion ou aux soins qui pourraient lui être adressés. S'il s'agit d'une véritable victime, elle sera reconnaissante et réceptive aux soins qui lui sont prodigués. Elle s'en servira comme d'un moyen de se sentir mieux, et elle aura un vif désir de résoudre ses problèmes. Ceux qui ont recours à la victimisation prendront soin de tout ce qu'ils peuvent. Elles ne voudront pas changer et feront plutôt de leur mieux pour que les autres se sentent aussi mal que possible de leur avoir fait du mal.

Cette méthode ne fonctionnera pas à long terme. Les gens finissent par se lasser de ceux qui se mettent constamment au milieu du drame. Ils commenceront à voir facilement à travers le mur de la victimisation qui a été créé et à comprendre la manipulation intrinsèque qui a existé.

Peur et soulagement

La peur et le soulagement sont la méthode pour faire peur à quelqu'un et ensuite être celui qui apporte la solution. C'est comme pousser quelqu'un d'une falaise et être celui qui tend la main pour le sauver juste avant qu'il ne soit trop tard. L'idée de la manipulation ici est de montrer que vous êtes un vaisseau de confort. La partie de vous qui a créé la peur en premier lieu est souvent négligée et n'est pas toujours réalisée au départ.

Cette situation est courante dans les situations de violence conjugale à long terme. Pensez à un parent qui terrifie toujours l'enfant par rapport au monde extérieur. Il pourrait lui raconter des histoires effrayantes sur tout ce qui pourrait arriver si l'enfant devait un jour quitter la maison. Peut-être donnent-ils à l'enfant des idées folles sur le monde extérieur. Mais le parent agira toujours comme un sauveur, en s'assurant que l'enfant reste toujours à proximité. Ils utiliseront aussi les mauvaises situations pour valider leur raisonnement. Un enfant peut se sentir piégé par ses parents et décider un jour de sortir en cachette la nuit. Il peut finir par avoir des ennuis et, lorsque cela est révélé au parent qui le contrôle, il peut dire quelque chose comme : "Tu vois, je t'avais dit que quelque chose de mal allait arriver !

C'est une tactique qui est souvent utilisée par les annonceurs également. Elle est moins nocive dans ce scénario et serait la méthode que vous pourriez utiliser si vous vendiez quelque chose qui contribuerait à atténuer la peur d'une personne. Par exemple, une entreprise de plomberie pourrait faire part d'un fait effrayant concernant les tuyaux gelés pendant la saison hivernale, ce qui permettrait de vendre davantage de tuyaux de qualité et de services de remplacement. Vous ne pensiez peut-être pas au départ aux conduites gelées, mais vous y pensez maintenant, et vous voulez donc acheter leur service. Ce n'est pas totalement vindicatif, car il pourrait s'agir d'un véritable problème qui peut être évité.

Si vous avez l'impression que quelqu'un essaie de vous manipuler avec cette méthode, assurez-vous d'abord que vous êtes conscient de la menace qu'il essaie de vous faire croire. Est-ce qu'ils exagèrent le problème ? Est-ce vraiment quelque chose dont vous devez passer du temps à avoir peur ? Êtes-vous en pleine manipulation, ou êtes-vous vraiment éclairé maintenant par cette nouvelle information effrayante ?

Le fait est que l'agresseur ne sera jamais l'agresseur. Il veut faire preuve de compassion. Ils ne seront pas méchants et effrayants dans cette situation parce qu'ils essaient de montrer à l'agresseur que la peur est une source extérieure. Ils veulent être le point de confort ultime, donc ils ne montreront pas leur côté agressif, car cela les rendrait alors trop effrayants pour être fiables.

Si elle est utilisée en douceur, cette méthode ne sera pas aussi dommageable. Vous devez simplement vous efforcer de leur montrer comment vous pouvez contribuer à offrir des solutions à la véritable menace qui existe déjà. Ne vous servez pas uniquement de la peur pour leur faire acheter quelque chose. Utilisez la sensibilisation pour les aider à comprendre pourquoi il serait avantageux pour eux d'investir dans votre produit.

Parfois, il y a une bonne et une mauvaise nouvelle dans une situation donnée. Il est important que vous annonciez d'abord la mauvaise nouvelle, puis la bonne nouvelle. Cela peut être votre façon d'utiliser la méthode de la peur et du soulagement.

Pensez à la façon dont un médecin informerait ses patients de certains problèmes de santé et les présenterait de manière à ce qu'ils fassent réellement ce qu'il faut pour améliorer leur santé.

Par exemple, disons qu'un patient risque de souffrir d'une maladie cardiaque parce qu'il ne fait pas d'exercice et qu'il mange de façon vraiment malsaine. La mauvaise nouvelle, c'est qu'il s'agit d'un patient à haut risque. La bonne nouvelle, c'est qu'il est possible d'inverser la tendance en adoptant une alimentation saine et en faisant de l'exercice. Il y a plusieurs façons d'encadrer cela afin que le médecin puisse avoir une influence positive et obtenir réellement ce qu'il veut de ce scénario. Voici les deux méthodes alternatives:

• "Malheureusement, nous avons découvert que vous présentez un risque élevé d'insuffisance cardiaque et d'autres maladies cardiovasculaires. Ce type de maladies peut être très risqué et, avec votre âge et votre état de santé, il ne sera pas aussi facile de les inverser. Vous pouvez sérieusement réduire vos risques et les prévenir si vous suivez le régime DASH et faites de l'exercice au moins trois fois par semaine".

• "Il semble que vous allez devoir commencer à manger plus sainement et à faire de l'exercice. Si vous ne le faites pas, vous augmentez vos chances d'avoir une insuffisance cardiaque".

La première va mieux fonctionner pour le patient et aura probablement plus de chances de l'influencer réellement dans la bonne direction. Le premier expose une peur. Elle dépeint une situation vraiment grave qui pourrait effrayer le patient. Cependant, la solution est ensuite proposée et la peur du patient est réduite, ce qui le rend plus enclin à poursuivre ce qui lui permettra de se sentir mieux.

Le second type de message est présenté comme une "mauvaise nouvelle". Il discute d'abord de ce que le patient doit faire, puis suit avec encore plus de mauvaises nouvelles. Il est probable qu'il quittera le rendez-vous en se sentant mal dans sa peau et sans espoir, alors que le premier a plus de chances d'inspirer une influence positive à ce patient.

Probabilité et flirt

Si vous voulez que les gens vous fassent confiance, il est important que vous soyez sympathique. C'est tellement plus facile à dire qu'à faire ! Beaucoup d'entre nous ont essayé depuis avant le collège de faire en sorte que les gens nous aiment. Cependant, n'ayez pas peur ! Maintenant que nous sommes plus âgés et plus conscients de nos émotions, il va être beaucoup plus simple de voir comment nous pouvons obtenir que les autres soient de notre côté.

C'est une méthode inoffensive que vous pouvez utiliser ! Si vous êtes vraiment charmant, alors les autres pourront vous apprécier davantage. Si vous êtes une personne sympathique, cela impliquera que vous soyez gentil, drôle, intelligent et compatissant. Aucune de ces méthodes n'est mauvaise, donc de toutes celles qui figurent dans le livre, celle-ci est la meilleure que vous puissiez utiliser avec les autres. La plus grande chose dont vous devrez être sûr est que vous ne vous perdez pas, ni votre bonheur, dans le processus.

Si vous n'êtes pas doué pour le charme et que les gens voient à travers votre flirt, alors vous serez le seul à souffrir à la fin. Vous pourrez peut-être charmer certaines personnes, mais il y aura toujours les experts qui pourront couper à travers la façade.

Commencez par vous assurer que vos réactions émotionnelles sont sous contrôle. Si vous êtes quelqu'un qui réagit avec colère à une nouvelle ou qui ne peut pas supporter le moindre changement d'horaire, il se peut que les autres aient un peu plus de mal à s'entendre avec vous.

Soyez très attentif à la façon dont votre visage peut apparaître aux autres. Il ne s'agit pas d'avoir un visage laid ou joli, bien sûr. Gardez vos sourcils détendus avec un léger sourire. Si vous montrez de la joie et de la positivité sur votre visage, davantage de personnes seront susceptibles de vous répondre.

Utilisez un langage corporel ouvert et engagez la conversation avec eux. Ne vous contentez pas de parler de vous. Soyez généreux et attentionné. Faites tout ce que vous pouvez pour eux, même si c'est peu.

Adoptez une attitude globalement positive et regardez toujours le bon côté des choses. N'imposez pas cette positivité aux autres, bien sûr. Si quelqu'un est de mauvaise humeur, ne lui dites pas de "faire de la lèche, les choses peuvent être pires ! C'est vrai, mais cela ne va pas les aider. Dites plutôt quelque chose comme : "Je suis désolé que vous traversiez cela. Les choses vont s'améliorer, et je suis là pour vous aider si vous avez besoin de moi."

N'ayez pas peur de montrer votre côté passionné et enthousiaste. Certaines personnes ont peur de montrer leur vulnérabilité car cela signifie qu'elles pourraient paraître faibles aux yeux des autres. Ne laissez pas cela vous empêcher de partager l'amour que vous avez et que les autres méritent.

Faites preuve de créativité dans les compliments que vous faites. Ne vous contentez pas de reprendre les propos des autres que vous entendez. Si vous voulez vraiment être charmant, il est temps pour vous de faire preuve de créativité et de trouver des moyens efficaces d'impressionner les autres.

Préparation à la persuasion

Il y a plusieurs façons de vous préparer avant de commencer à demander ce que vous voulez. Ce sera comme si vous les prépariez à dire "oui" pour que les choses tournent en votre faveur.

Vous pouvez commencer par leur offrir quelque chose. C'est le concept de réciprocité. Si vous leur offrez quelque chose, ils auront plus tendance à avoir l'impression qu'ils doivent vous retourner la faveur. Si vous les invitez à dîner, il est plus probable qu'ils voudront apporter une bouteille de vin ou vous inviter à dîner la semaine suivante.

Une autre méthode consiste à demander d'abord quelque chose de petit. Si vous voulez demander à quelqu'un de faire une corvée pour vous, vous pouvez lui demander : "Ça vous dérange de balayer ? Puis, une fois qu'ils sont d'accord, vous ajoutez peut-être : "Pourriez-vous sortir les poubelles aussi, si vous en avez l'occasion ? Cela donne l'impression qu'il s'agit de deux tâches simples plutôt que de la longue liste de tâches qu'il pourrait y avoir lorsque tout est regroupé.

Lors de la conclusion d'un accord, il peut être judicieux de demander quelque chose de plus grand que ce que vous espérez réellement. Si vous avez besoin d'emprunter 3 000 dollars à un ami, vous pouvez d'abord demander 5 000 dollars. Il vous proposera alors un prix inférieur parce qu'il n'a pas le montant total, mais il vous donnera quand même ce dont vous aviez besoin au départ parce que vous avez amorcé la question en demandant plus.

Cherchez toujours comment vous pouvez mieux persuader avant de vous rendre à une réunion plutôt qu'après. Soyez prêt à obtenir les choses que vous voulez, et vous commencerez à découvrir qu'il est tellement plus facile de commencer à voir le pouvoir revenir dans votre propre vie, en particulier le pouvoir qui vous a été enlevé au départ par le manipulateur.

Connaître leur base de référence

Apprenez à bien connaître la personne et son rôle avant d'essayer de la persuader. Quels sont leurs intérêts ? Sont-ils sportifs ? Préféreraient-ils aller dans un musée d'art l'après-midi ? Lorsque vous pouvez comprendre certaines des choses qui font d'elle ce qu'elle est, il peut être plus facile de s'adapter à cette personnalité, et donc de la persuader plus tard.

Il est important de comprendre si quelqu'un a une pensée qui se transforme en tique physique. S'il est confus, se gratte-t-il la tête ou plisse-t-il les sourcils ? S'il est en colère, secoue-t-il la jambe ou fronce-t-il les lèvres ? Commencez à associer ce qu'ils font physiquement avec ce qu'ils pensent afin d'obtenir plus de clarté sur la façon dont ils agissent.

Il est important de rechercher les différences dans la façon dont ils agissent pour vraiment savoir s'ils mentent ou s'ils essaient de vous persuader. S'ils commencent à s'écarter de certaines des lignes de base que vous connaissez déjà, peut-être essaient-ils de se transformer en une personne différente et de devenir plus influents.

Les méthodes qui vous aideront à vous persuader ne fonctionneront pas pour tous les autres. Ce n'est pas parce que vous êtes facilement influencé par certains aspects que les autres seront les mêmes. Tenez compte de vos forces et de vos faiblesses personnelles.

La meilleure méthode pour les vendeurs est de faire en sorte que l'acheteur se sente comme un individu. Apprenez à le connaître sur un plan personnel et il sera plus enclin à réagir de manière positive et saine.

Les entreprises qui prospèrent le plus sont celles qui s'efforcent de vous faire sentir comme si vous étiez la seule personne au monde. Pour qu'une personne se sente vraiment comme ça, il faut la connaître et savoir ce qu'est son monde.

Chapitre 7 - Études de cas sur la psychologie sombre

Que signifie tout ce dont nous avons discuté jusqu'à présent ? Y a-t-il quelque chose de substantiel à tirer de ces informations ? Tout cela commence peut-être à avoir un sens dans votre monde personnel, mais peut-être vous demandez-vous s'il existe d'autres situations dans le monde qui peuvent vous aider à mieux comprendre ce que tout cela signifie dans votre monde. Il peut être facile de se sentir isolé et d'avoir des difficultés à établir des relations avec les autres, mais il existe des situations scientifiques qui nous aident à mieux comprendre la complexité de nos relations et de nos émotions.

Nous avons ici trois études de cas différentes qui vous aideront à mieux comprendre ce qui existe en nous en tant que personnes et qui pourrait nous amener à vouloir manipuler les autres. Lorsque nous étudions d'autres humains, nous les observons dans un environnement contrôlé. Cela est utile car souvent, le plus que nous savons est basé sur nos propres expériences personnelles. Cela peut nous amener à nous demander : "Est-ce juste moi, ou est-ce tout le monde ? Des études de cas comme celles-ci nous aident à comprendre la condition humaine et non pas seulement nous-mêmes en tant qu'individus.

La première étude que nous allons examiner nous donne un petit aperçu du comportement humain. À une époque où un dirigeant peut convaincre des millions de personnes de croire ce qu'il fait, il est important de comprendre à quel point certaines figures d'autorité peuvent être puissantes. Mieux vous pourrez identifier ceux qui pourraient tenter de vous manipuler, plus il vous sera facile de vous protéger à long terme.

La deuxième étude nous aidera à comprendre exactement ce que nous devrions demander afin de déterminer si une personne que nous connaissons pourrait être narcissique. Comme beaucoup de manipulateurs sont si doués pour couvrir leurs traces et être trompeurs, on ne sait jamais vraiment qui pourrait essayer de vous manipuler. Il est préférable de commencer à s'assurer que nous savons comment identifier un narcissique afin de ne jamais tomber sous son contrôle.

La troisième étude porte sur ce à quoi ressemblera la manipulation à l'avenir. À mesure que nous deviendrons plus conscients de ce qui se passe autour de nous, sera-t-il plus difficile de manipuler les consommateurs ? Que pourraient faire les entreprises lorsque les personnes ayant un pouvoir d'achat ne sont plus facilement convaincues ? Plutôt que de penser uniquement à la manipulation comme une tactique utilisée entre deux individus, nous devons comprendre comment un grand groupe de personnes peut être manipulé par une institution puissante.

L'expérience Milgram

Combien de fois vous êtes-vous retrouvé à faire quelque chose que vous ne voulez pas simplement parce qu'une figure d'autorité vous a dit que c'était correct de le faire ? Peut-être qu'au travail, un patron vous a dit de faire quelque chose contre les règles, et que vous l'avez fait parce que vous pensiez que personne d'autre ne serait blessé dans le processus. Après tout, ce sont eux les responsables, alors s'ils disent que c'est bien, pourquoi ça ne le serait pas ? Souvent, nous ne réalisons pas à quel point les figures d'autorité peuvent être puissantes en dehors des méthodes de contrôle standard que nous attendons d'elles.

L'expérience Milgram est une expérience menée par le psychologue Stanley Milgram en 1963 pour déterminer les effets de l'influence sociale par le biais des figures d'autorité. Il s'est efforcé de voir comment les individus pouvaient réagir lorsqu'on leur demandait de faire quelque chose qui pouvait aller à l'encontre des idéologies morales fondamentales.

L'étude a commencé avec plusieurs participants, appelés "enseignants", qui avaient l'impression de ne participer qu'à une expérience et non au sujet lui-même. Les "enseignants" étaient ceux qui étaient chargés d'administrer des chocs électriques à d'autres "volontaires". Les enseignants sont ceux qui ont été choisis pour l'étude et n'ont pas été informés qu'ils seraient ceux qui ont été réellement étudiés.

Une partie de l'expérience consistait à empêcher les enseignants de connaître la véritable intention de l'expérience. Les "volontaires" étaient des acteurs. On a dit aux enseignants que le but de l'expérience était de voir comment les volontaires réagiraient à une punition physique lorsqu'ils n'étaient pas capables d'apprendre quelque chose correctement. Les volontaires étaient très conscients de l'étude en cours, et ils étaient connus comme les "apprenants". Les enseignants pensaient que l'étude allait permettre de voir comment les apprenants étaient capables de mieux retenir l'information lorsque ce qu'on leur enseignait était fait avec des stimuli physiques.

L'apprenant était branché à un appareil qui lui administrait un choc. L'enseignant devait lire différentes paires de mots à l'apprenant, qui devait ensuite répéter ces paires à l'enseignant. L'enseignant était également chargé de donner un choc à l'apprenant lorsqu'il se trompait de réponse. L'enseignant a pensé que le but de l'étude était de voir si ce choc électrique lors d'une mauvaise réponse aiderait l'apprenant à donner la bonne réponse plus fréquemment.

L'enseignant et l'apprenant ne pouvaient pas se voir pendant cette expérience. Tout au long du test, la tension de chaque choc a augmenté de façon continue. En réalité, l'apprenant ne ressentait aucune douleur car il n'y avait pas de choc réel. Comme ils étaient hors de vue, ils ont pu utiliser des bruits préenregistrés pour indiquer les niveaux de douleur qu'ils ressentaient en réponse au faux choc. Ils faisaient jouer un enregistrement de leur agonie, mais le professeur ne pouvait pas voir, donc ils ne savaient pas que tout cela était faux. Ils croyaient que chaque choc faisait réellement du mal à l'apprenant. Tout le monde était dans le coup, et personne ne ressentait vraiment de douleur physique. L'enseignant était le seul à ne pas savoir ce qui se passait, et il était le seul responsable de l'administration de la douleur aux autres personnes.

Si le professeur décidait qu'ils voulaient arrêter, alors l'instructeur de l'expérience, qui savait tout ce qui se passait, devait dire une des quelques phrases choisies. Il pouvait s'agir de phrases comme "continuez s'il vous plaît" ou "vous n'avez pas d'autre choix, vous devez continuer". C'étaient les seules phrases que le chef d'expérience disait, et l'enseignant devait décider s'il devait les écouter ou non.

C'est une bonne configuration pour une expérience, alors que s'est-il passé ? Avant même d'aborder ce sujet, Milgram a demandé à ses élèves de Yale, où il enseignait à l'époque, ce qu'ils en pensaient. La plupart ont répondu qu'ils ne pensaient pas que quiconque irait trop loin dans cette expérience. Ils pensaient que les enseignants arrêteraient lorsque la douleur deviendrait trop forte pour l'apprenant. Ils avaient tort.

Ce qui s'est passé dans ce cas, c'est que le chef d'expérience demandait au professeur d'administrer des chocs très douloureux. Chaque choc était de plus en plus intense, au point qu'il aurait effectivement tué l'apprenant s'il avait été réel. Le but de l'expérience était simplement de voir jusqu'où les enseignants iraient lorsqu'une figure d'autorité leur disait de continuer. S'arrêteraient-ils et s'en tiendraient à leur morale, ou écouteraient-ils aveuglément le responsable de l'expérience et continueraient-ils à donner des chocs électriques plus intenses et plus mortels aux personnes qui les recevaient ? Est-ce qu'ils feraient souffrir les autres juste parce qu'on leur a dit de continuer ?

En moyenne, au moins 60% des participants ou des "enseignants" voulaient arrêter avant d'atteindre le choc fatal, mais ils ont continué, même si cela variait selon les régions et la démographie. Cela signifie qu'en moyenne, 6 personnes sur 10 écoutaient aveuglément les autorités et administraient des chocs, même si certains des dosages pouvaient être fatals et qu'elles voulaient elles-mêmes arrêter.

Cette étude a été très éclairante, quelques décennies seulement après que tant de vies innocentes aient été prises pendant l'Holocauste. En se penchant sur des actes de violence aussi horribles et sur le génocide massif qui a eu lieu, les gens peuvent se demander "Comment tant de gens ont-ils pu participer à cela ? Des expériences comme celle-ci montrent qu'il est beaucoup plus facile d'influencer les autres que beaucoup ne le pensent, surtout lorsqu'ils ne sont pas du tout conscients de l'influence qu'ils subissent (Milgram, 1963).

Êtes-vous un narcissique ?

Il existe de nombreuses façons différentes de déterminer si quelqu'un est narcissique. Vous pouvez examiner tous les éléments dont nous avons parlé jusqu'à présent pour voir s'ils présentent l'un des traits que nous avons mentionnés. Vous pouvez apprendre à les connaître plus profondément et essayer de repérer leurs tactiques de manipulation. Vous pouvez leur faire passer un test psychologique pour déterminer s'ils correspondent ou non à la description. Mais il y a une façon plus facile que toutes ces méthodes pour déterminer si quelqu'un est réellement narcissique ou non.

Demandez-leur franchement : "Êtes-vous narcissique ?"

Cela semble assez simple et presque comme une blague. Cependant, des études ont montré que c'est l'une des meilleures questions pour savoir si quelqu'un est narcissique. Il existe un questionnaire de 40 questions que l'on peut répondre afin de déterminer si l'on est narcissique ou non. Ce test s'avère plus approfondi ; cependant, nous ne sommes pas tous des psychologues capables d'administrer des tests de personnalité comme celui-ci.

Il est important que nous identifiions ces narcissiques car ce sont eux qui seront les maîtres manipulateurs que nous devons surveiller. Afin de vous protéger, vous pouvez poser cette question lorsque vous apprenez à connaître quelqu'un.

Au cours de 11 expériences différentes menées auprès de plus de 2 500 participants, ceux-ci ont tous été soumis à un test de 40 questions pour déterminer s'ils étaient narcissiques, puis ils ont également été invités à répondre à la question unique que nous avons énumérée ci-dessus. Les résultats ont été comparés pour voir ce que les personnes qui étaient réellement narcissiques pouvaient dire. Au cours du test administré, des résultats surprenants ont été obtenus pour découvrir si quelqu'un était narcissique ou non.

Ceux qui ont répondu qu'ils étaient narcissiques, ou du moins qu'ils avaient des traits narcissiques, étaient plus susceptibles de répondre avec fierté à leur comportement. Plutôt que d'avoir un peu honte d'admettre qu'ils étaient narcissiques, compte tenu de la terrible réputation des narcissiques, ils se vanteraient de leurs capacités à prouver qu'ils sont plus narcissiques que les autres.

La clé ici est que les narcissiques ne se considèrent pas comme ayant quelque chose à se reprocher. Ils croient que c'est ainsi que la vie est censée être et que tous leurs comportements sont justifiés.

Ils seront heureux de montrer qu'ils peuvent être plus arrogants. Ils n'essaieront pas de cacher les traits de personnalité qu'ils ont en tant que narcissiques. Au contraire, ils se vanteront de leur niveau de confiance en eux et de la façon dont ils pourraient contrôler les autres.

Ceux qui pourraient encore se croire narcissiques, mais qui ne le sont pas vraiment, seront plus enclins à avoir honte de certaines tendances égoïstes qu'ils pourraient partager. Nous avons tous certains traits de caractère ou avons fait des choses dans le passé qui, en dehors du contexte de notre vie, pourraient être considérées comme narcissiques. Nous avons tous menti, été jaloux des autres ou fait passer nos besoins en premier alors que nous aurions pu aider les autres. La différence entre la personne moyenne et un narcissique est que nous savons que ces choses sont fausses. Nous savons qu'il est préférable de choisir l'autre option et que nous pourrions avoir certaines choses sur lesquelles nous devons travailler. La personne moyenne peut faire quelque chose de légèrement narcissique, mais elle saura au moins après coup qu'elle aurait dû choisir de faire quelque chose de différent.

Ce n'est pas la façon la plus détaillée de savoir qui est narcissique, mais il est essentiel que le commun des mortels comprenne comment identifier un narcissique (Van Der Linden, 2016). La prochaine fois que vous aurez un rendez-vous ou que vous rencontrerez de nouvelles personnes, vous pourriez essayer de glisser la question avec désinvolture. Peut-être parlez-vous d'un narcissique de votre passé, ou peut-être posez-vous carrément la question de manière ludique. S'ils déclarent qu'ils le sont et qu'ils en sont fiers, c'est un signal d'alarme. S'ils déclarent qu'ils le sont et qu'ils ont honte, ou qu'ils ne le sont pas, alors cela peut être un bon signe.

Vous pourrez voir comment quelqu'un peut vraiment croire qu'il est quand vous commencerez à poser des questions simples comme celle-ci. Si vous voulez vraiment vous protéger contre les manipulateurs malveillants, alors c'est la voie à suivre.

Si vous vous demandez un jour "Suis-je narcissique ?" et que vous avez peur des réponses, c'est un bon signe que vous n'êtes pas aussi narcissique que vous pourriez le croire.

L'expérience de manipulation inconnue de Facebook

Facebook compte des centaines de millions d'utilisateurs, on peut donc dire que c'est l'un des principaux sites que beaucoup de gens fréquentent. Ce nombre continue de croître et le restera probablement encore longtemps. Il s'agit d'un outil puissant qui, d'une certaine manière, façonne le fonctionnement de notre société.

Certains d'entre nous téléchargent des informations personnelles, tandis que d'autres se contentent de partager quelques éléments ici et là. Nous avons tous un ami qui poste et met à jour toutes les heures, et puis il y a les gens qui sont là et avec qui nous oublions que nous étions amis au départ.

Peu importe ce que vous publiez sur Facebook, ce qui compte le plus, c'est la façon dont vous interagissez avec les messages. Facebook gagne des milliards de dollars rien qu'avec les recettes publicitaires, et le monde de la publicité est donc un marché important à exploiter. Sans les publicités, on peut dire que Facebook ne serait pas aussi puissant qu'il ne l'est aujourd'hui.

Comment cette application affecte-t-elle notre état émotionnel ? Dans une étude, Facebook a pris près de 700 000 profils d'utilisateurs et a manipulé ce qui était montré sur leur flux. Ils montraient des choses heureuses et d'autres plus dommageables qui ne dégageaient pas de bons sentiments. Puis, à la fin de la semaine, ils se sont concentrés sur ce que la personne qui avait vu ces images pourrait partager elle-même.

Les résultats étaient en gros ce à quoi les chercheurs s'attendaient lorsqu'ils ont commencé à tester ces théories. Les profils qui ont été exposés à des images plus tristes tout au long de la semaine étaient plus susceptibles d'avoir des images tristes à la fin de la semaine. Ceux qui ont reçu des images joyeuses étaient plus susceptibles d'avoir des posts joyeux. Bien que l'on puisse supposer que ce soit le cas, il est tout de même instructif de voir que cela se produit réellement.

Cette expérience a suscité un tollé parce que beaucoup de gens ont dit qu'elle n'était pas éthique (Meyer, 2014). Les utilisateurs de Facebook acceptent certaines conditions, notamment le fait qu'ils peuvent faire ce qu'ils veulent avec les informations des utilisateurs. Cependant, beaucoup se demandent si cela est moralement correct car cela implique la manipulation inconnue des émotions de l'utilisateur.

Indépendamment de l'éthique, les données existent toujours. Vous devriez vous demander si vous pensez que c'est juste ou non de déterminer votre propre morale. Quelle que soit la conclusion à laquelle vous parvenez, cette étude existe toujours pour nous rappeler à quel point il est facile de tomber sous le contrôle émotionnel d'une grande entreprise comme Facebook.

C'est juste un rappel de la façon dont même une exposition minimale peut provoquer différentes manipulations émotionnelles. D'autres annonceurs peuvent savoir s'ils pourront ou non utiliser vos émotions en se basant sur les choses qu'ils vous montrent en premier lieu.

Nous devons être très conscients des messages subliminaux que les annonceurs et autres experts du marché utilisent sur nous afin d'obtenir les choses qu'ils veulent - notre argent.

Chapitre 8 - Conseils finaux sur la psychologie sombre

Avant de terminer le livre, il y a quelques points dont vous devriez vous souvenir en poursuivant ce voyage. Il vous faudra un certain temps pour vous habituer. Si vous vous remettez d'une manipulation, il est probable que ce processus prendra un certain temps. Vous devrez rééduquer votre cerveau pour maîtriser la voix de votre agresseur.

Vous devrez également apprendre à connaître et à comprendre les gens. Vous ne voudrez pas seulement vous concentrer sur la compréhension de vous-même et des choses qui font de vous ce que vous êtes. Il est essentiel que vous soyez attentif aux autres et à la façon dont ils agissent également.

Laissez chaque expérience que vous avez de l'observation des autres humains vous donner un petit aperçu de ce qui pousse une personne à agir d'une certaine manière. Regardez en ligne les différents documentaires disponibles qui pourraient vous aider à mieux comprendre comment et pourquoi une personne peut agir d'une certaine manière. Même certaines émissions de télé-réalité peuvent vous permettre de comprendre comment les autres agissent. Le monde est votre bibliothèque.

Ce que vous faites vous reviendra

Il peut être très facile de manipuler négativement quelqu'un, et il peut être un peu plus difficile de faire de la persuasion positive. La manipulation négative n'implique que des réactions émotionnelles et un contrôle flagrant. La persuasion positive est plus lente et prend du temps à maîtriser. Cependant, c'est aussi la méthode qui va être la plus efficace dans l'ensemble.

Toute l'énergie que vous mettez dans le monde vous reviendra. Peu importe que vous croyiez au karma ou non. Si vous manipulez tout le monde dans votre vie, vous n'aurez finalement plus personne. Cela peut fonctionner pendant un certain temps, mais ce n'est pas substantiel.

C'est comme utiliser du bois pourri pour essayer de construire une fondation. C'est comme essayer de couvrir une blessure infectée avec du maquillage. C'est comme peindre du plastique en or. C'est un faux, et il finira par tomber à travers et ne fonctionnera pas comme vous l'aviez prévu.

La persuasion positive vous transformera en influenceur. Une fois que vous commencez à gagner un peu d'influence, vous constaterez qu'il devient plus facile d'augmenter cette quantité.

Vous êtes peut-être quelqu'un qui a subi des années d'abus mental. Ne laissez pas cette douleur être quelque chose que vous donnez à quelqu'un d'autre. Travaillez-y et faites en sorte que cela vous pousse à faire mieux à l'avenir, et non pas que ce soit une excuse pour vous sentir encore plus mal.

Peut-être que tu es l'agresseur et que tu veux en savoir un peu plus sur les raisons qui t'amènent à faire ce que tu fais. J'espère que vous avez acquis une certaine perspicacité afin de savoir comment gérer au mieux les autres et la manipulation à l'avenir.

Souviens-toi toujours que ce que tu fais aux autres te reviendra un jour.

Ne jamais faire d'hypothèses

Ne vous permettez jamais de tomber dans un endroit où vous pensez savoir quelque chose. Une fois que nous commençons à faire des hypothèses complètes, nous limitons nos esprits. N'essayez pas d'additionner des informations ouvertes et de laisser cela être une conclusion. Vous devez plutôt vous concentrer sur les moyens d'approfondir vos recherches.

Ce n'est pas parce qu'une personne a essayé une tactique de manipulation avec vous qu'il s'agit d'une personne malfaisante qui doit être retirée de votre vie. Nous ne serons pas toujours conscients de la façon dont nous pourrions être inconsciemment manipulateurs.

Les suppositions sont la voie la plus facile que vous puissiez emprunter. Elles sont le raccourci, mais cela signifie que vous allez négliger beaucoup de choses en cours de route. Vous cesserez de vous plonger dans la psychologie lorsque vous ne ferez plus que des suppositions sur certaines choses.

Si vous ne faites pas attention, vous risquez de tomber dans un endroit où vous ne pensez que négativement. Lorsque vous faites des suppositions, vous faites des suppositions. Si vous faites cela, vous passerez à côté d'une tonne d'informations précieuses en cours de route.

Que faire si vous êtes pris dans un mensonge

Bien sûr, il ne faut jamais mentir. Cependant, si jamais vous vous faites prendre, il y a quelques petites choses que vous pouvez faire pour vous assurer que votre réputation n'est pas ruinée à jamais. Il est toujours préférable d'admettre ses erreurs et de grandir plutôt que de prétendre que vous n'avez jamais menti de votre vie.

Il peut arriver que vous disiez quelque chose d'exagéré qui soit mal interprété. La pire chose que vous puissiez faire d'emblée est de vous mettre sur la défensive.

Ne niez pas les sentiments des autres. Écoutez-les. La meilleure chose que l'on puisse faire est d'admettre le mensonge. Oui, il peut être difficile d'admettre que vous avez tort, mais tout le monde connaît déjà la vérité.

Excusez-vous pour les méfaits que vous avez pu commettre. Une excuse ne devrait jamais être "Je suis désolé... mais". Ce "mais" va complètement diminuer vos excuses.

Expliquez-vous, mais ne vous en servez pas comme excuse. "J'ai fait ça parce que" est mieux que "Je n'ai fait ça que parce que". C'est une différence mineure, mais c'est quand même une façon de montrer que vous n'essayez pas d'excuser ce que vous avez fait et qui aurait pu blesser d'autres personnes.

Ne couvrez pas le mensonge par un autre mensonge. Vous ne faites que vous enfoncer dans un trou plus profond. C'est la pire option que vous pourriez prendre si vous êtes pris dans un mensonge. Cela semble plus facile dans un premier temps, mais pensez toujours à l'ampleur du désordre que cela pourrait entraîner.

La meilleure façon d'éviter cela est de ne jamais mentir en premier lieu!

Travaillez d'abord sur vous-même

Il deviendra finalement naturel de regarder au fond de soi pour mieux comprendre qui on est vraiment à l'intérieur, et les humains en général. Au début, assurez-vous de porter une attention particulière à votre propre santé mentale.

Il est très facile de regarder quelqu'un d'autre et de voir ses problèmes et de savoir exactement ce qu'il doit faire pour réparer sa vie. Cela peut parfois n'être qu'une méthode pour nous distraire de nos propres problèmes, alors soyez prudent.

Vous est-il déjà arrivé d'aller chez quelqu'un d'autre, de voir ses déchets traîner et de penser : "Wow, c'est si facile de nettoyer ça ; pourquoi est-ce comme ça ? Mais en même temps, vous auriez pu avoir votre propre gâchis personnel dans le coin. C'est parce qu'il est facile de voir les problèmes des autres puisque nous en sommes éloignés.

Si vous faites trop attention à régler les problèmes des autres, vous commencerez à vous oublier dans le processus. Il est également important d'examiner vos propres problèmes, car ce sont peut-être les choses mêmes que vous reconnaissez chez les autres qui doivent être réglées.

Beaucoup de leçons difficiles que nous devons apprendre dans la vie, nous le faisons nous-mêmes. Vous ne pouvez pas contrôler les autres ! On ne peut que les persuader. N'oubliez jamais de chercher des moyens d'améliorer l'ensemble.

Souvenez-vous de vos droits

L'une des étapes les plus importantes pour surmonter la manipulation et les abus émotionnels est de se souvenir de ses droits. Souvenez-vous de toutes les choses qui vous sont dues et que vous méritez dans cette vie. Une fois que vous commencez à l'oublier, il devient plus facile pour les autres d'entrer dans votre vie et de profiter de vous.

Vous avez le droit de dire "non" quand vous le souhaitez. Parfois, c'est effrayant. Vous êtes peut-être ce genre de personne passive qui se soucie davantage de plaire aux autres que de s'occuper de ses propres besoins. N'oubliez pas que toute personne qui se soucie vraiment de vous va accepter les moments où vous choisissez de dire "non". Vous pouvez avoir peur qu'ils vous quittent ou qu'ils ne veuillent plus être votre ami, mais si c'est le cas, bon débarras ! Vous n'avez pas besoin de ce genre d'énergie toxique dans votre vie, il vaut donc mieux que vous vous sépariez de ce genre de personne le plus tôt possible. Si vous ne vous donnez pas la possibilité de défendre vos droits, les autres vont en profiter.

Vous méritez le droit de vous sentir comme vous le souhaitez. C'est la réaction qui peut ne pas toujours être acceptable. Par exemple, vous avez le droit d'être en colère parce que votre équipe sportive a perdu. Tu n'as pas le droit de jeter la télévision à travers la pièce pour cette raison s'il s'agit d'un espace public pour la famille. Si vous vivez seul et que vous avez payé pour la télévision, jetez-la, mais souvenez-vous que la réaction est distincte de l'émotion. Personne n'a le droit de vous dire que vous ne ressentez pas une certaine chose. Vous connaissez vos émotions, et vous avez le droit de les exprimer.

Vous avez le droit d'apprécier les choses que vous aimez. Même s'il s'agit du pire film jamais réalisé, d'une chanson terrible qui est surjouée à la radio, ou d'un acteur que tout le monde déteste, vous aimez ce que vous aimez ! Toute personne qui vous fait honte, vous rabaisse et vous fait sentir mal par rapport à ces choix n'est pas quelqu'un que vous devriez vous préoccuper d'impressionner !

Tu mérites le droit de prendre tes propres décisions. C'est la même chose que d'avoir le droit de dire "non", mais n'oubliez pas que tant que vous ne faites pas de mal à quelqu'un d'autre, c'est votre corps, votre esprit, votre vie et votre choix qui comptent. Si vous voulez aller dans une université hors de l'État, faites-le. Si vous voulez devenir biologiste marin, faites-le. Si vous voulez regarder une émission de télévision pendant votre week-end de congé, faites-le. Ne laissez personne d'autre contrôler vos actions ! Vous avez le droit de faire tout ce qui vous rend heureux et vous rapproche de la vie que vous méritez!

C'est bon de penser à soit

Souvent, les personnes qui utilisent la psychologie la plus sombre sur nous sont celles dont nous sommes les plus proches. Il peut s'agir de votre mère, de votre père, de votre soeur, de votre mari, de votre voisin, de votre patron, de votre petite amie, etc. Peu importe qui c'est, rappelez-vous que vous ne devez rien à personne. S'ils vous maltraitent émotionnellement, sortez de là aussi vite que possible. Il peut être difficile de se lever et de s'en aller. Tout le monde n'aura pas la capacité émotionnelle de partir comme bon lui semble.

Vous pouvez vivre avec vos parents ou avoir des enfants avec votre conjoint. Peut-être que votre patron vous maltraite mais que vous ne pouvez pas partir parce qu'il pourrait ternir votre nom. N'oubliez pas que la plupart du temps, les effets secondaires négatifs du départ de l'agresseur ne seront jamais aussi graves que la douleur qu'il vous inflige encore et encore. Vous pouvez avoir du mal à vous séparer, mais c'est ce manipulateur qui vous a mis en tête que vous n'avez pas le droit de partir ou que vous ne pourrez pas survivre sans lui.

Parfois, vous pouvez réussir à établir une relation, mais il n'est pas de votre devoir de la réparer. Vous devez d'abord vous concentrer sur vous-même. Souvenez-vous toujours du scénario de l'avion avec les masques à oxygène. L'hôtesse de l'air vous dira de mettre le vôtre avant d'aider quelqu'un d'autre car, lorsque vous aurez fini d'aider les autres, vous serez mort vous-même !

Vos besoins doivent être votre priorité absolue et, à partir de là, vous pourrez peut-être résoudre les problèmes des autres afin de construire une relation plus solide et plus saine.